Das Wohlfühlbuch für
Wohnungskatzen

# Das Wohlfühlbuch für Wohnungskatzen

## Was sich Katzen wünschen

von Susanne Vorbrich

CADMOS

Gestaltung und Satz: Ravenstein + Partner, Verden
Lektorat: J. Aurahs
Fotos: B. Schellhammer, U. Schanz, Chr.. Pinnekamp
Coverfoto: Chr. Pinnekamp
Druck: Westermann Druck, Zwickau


Printed in Germany

ISBN 3-86127-122-2

# Inhalt

# Inhalt

# Einführung

## Bin ich ein Typ für die Wohnungskatze?

*„Gott schuf die Katze, damit der Mensch einen Tiger zum Streicheln hat.“*

Victor Hugo

So so, Sie haben den Gedanken, Ihr Heim mit Katzen – einer oder mehreren – zu teilen!? Herzlichen Glückwunsch zu diesem Entschluss, er wird Ihr Leben bereichern.

Katzen sind der Inbegriff von Eleganz und Lebensart. Sie sind irgendwie geheimnisvoll, strahlen Ruhe und Gelassenheit aus, sind wild und stolz und unabhängig und vergeben sich doch nichts dabei, wenn ihr Futter aus der Dose kommt und ihre Höhle ein alter Pappkarton oder ein ausrangierter Pullover ist. Kurz, sie sind ein klein wenig so, wie wir alle gerne wären. Ihre Anmut und ihr Eigensinn erfüllen uns mit Neid, es macht uns stolz, dass ein so unnahbares Wesen uns seine Zuneigung schenkt.

*Vorsicht: Das Zusammmenleben mit einer Katze kann süchtig machen. (Foto: U. Schanz)*

Außerdem haben Katzen medizinisch erwiesen einen positiven Einfluss auf unsere Gesundheit. Der Blutdruck sinkt, das Immunsystem wird gestärkt, wir fühlen uns ausgeglichener, entspannter und einfach rundum wohl, wenn wir uns mit „unserer" Katze beschäftigen. Eigentlich müsste es also Katzen auf Rezept geben.

Wenn Sie gänzlich katzenunerfahren sind, sollten Sie einiges bedenken: Katzen sind anders. Alle. Sie sind scheu oder kess, gesellig oder eigenbrötlerisch, anschmiegsam oder unnahbar, elegant oder tapsig, manchmal auch alles gleichzeitig. Sie haben durchweg Charakter und ihre absolut eigenen Vorstellungen von einem gelungenen Leben. Sie beleben das Heim im wahrsten Sinne des Wortes und eignen sich keineswegs als nette Dekoration desselben.

Und: Katzen haben mit Sicherheit eine Vision von einem geeigneten Lebensraum, die mit unserer Vorstellung von Ordnung nicht das Geringste zu tun hat, und sie räumen nie auf. Wenn Sie also Wert auf spiegelblanke Oberflächen und perfekt plazierte Sofakissen legen, wenn Textilien mit Fusseln oder gezogenen Fäden den Angstschweiß auf Ihre Stirn treiben und Sie den unbedingten Drang haben, alles immer und sofort aufzuräumen, dann ist eine Katze als Wohnungsgenosse denkbar ungeeignet. Denn so sehr Katzen auch Wert auf einen recht geregelten Tagesablauf legen, so sehr lieben sie eine gewisse Unordnung, die für sie gleichbedeutend mit Abwechslung, spannenden Erkundungsmöglichkeiten und Spielvergnügen ist. Die durchgestylte Designerwohnung mit dem flauschigen, weißen Teppich und dem Neid erregenden weißen Ledersofa, auf dem die edle Katze mit unnachahmlicher Eleganz liegt, ist ein Klischee aus dem Lifestylemagazin.

Lassen Sie sich aber davon nicht abschrecken denn eigentlich ist es gar nicht so schlimm. Und wenn doch einmal, dann wird Ihre Katze Sie mit all ihren positiven Eigenschaften für alle Eventualitäten entschädigen.

Keine Sorge, Ihre Katze ist sehr geduldig mit Ihnen, sie wird nicht böse, wenn Sie nicht gleich das Quäntchen Nachlässigkeit mit in die Beziehung bringen, das für das Wohlgefühl im Zusammenleben so wichtig ist. Sie wird es Ihnen nach und nach schon beibringen, und sie wird Ihnen, wenn sie mit verstaubtem Fell hinter einem Schrank hervorkommt, niemals auch nur einen einzigen vorwurfsvollen Blick zuwerfen.

Nur eins sollten Sie Ihrer Wohnungskatze niemals antun: lassen Sie sie nicht den ganzen Tag alleine. Katzen sind wirklich nichts für Workaholics, die 13 Stunden am Tag arbeiten, danach noch etwas essen gehen und selbst am Wochenende mit Terminen zugestopft sind, weil sie ja irgendwann auch leben möchten. Auch für häufig Reisende, die das halbe Jahr fern der Heimat verbringen, ist eine Katze nichts. Ihre Katze benötigt Ihre Aufmerksamkeit und Zuwendung, zumindest jedoch Ihre Anwesenheit, selbst wenn sie einen Artgenossen hat, mit dem sie ihr Heim teilt.

*Was tabu sein soll, darf eben nicht offen im Weg stehen. (Foto: U. Schanz)*

## Womit muss ich rechnen, wenn eine Katze bei mir einzieht?

*„Wenn man sich mit der Katze einlässt, riskiert man lediglich, bereichert zu werden."*
Sidonie-Gabriell Colette

Egal ob Sie ein Tier beim Züchter, vom Tierschutz oder von einer Privatperson erstehen, Kosten zwischen 50 und 500 Euro können durchaus entstehen. Hinzu kommt die Anschaffung der Erstausstattung von Kratzbäumen, Toiletten, Spielzeug, Näpfen und Transportkorb. Rechnen Sie hierfür mit einem Betrag von 150 bis 300 Euro je nach Ihren Ansprüchen.

Ständiger Unterhalt in Form von Futter und Streu: nochmals etwa 50 Euro je Monat, zuzüglich der Kosten für kleinere und größere Mitbringsel wie Spielzeug und neue, schönere, größere Kratzmöbel. Tierarztkosten für notwendige Untersuchung und Impfung von rund 100 Euro pro Jahr für eine gesunde Katze, etwa 150 Euro für die (unbedingt notwendige) Kastration eines noch unkastrierten Tieres. Falls die Katze ernsthaft krank wird und aufwendige Blutuntersuchungen oder Röntgenaufnahmen, Operationen oder Medikamentengaben notwendig werden, können die Kosten für den Tierarzt schnell auf ein Vielfaches ansteigen. Vielleicht ziehen Sie eine so genannte Tierkrankenversicherung in Erwägung: Erkundigen Sie sich hierbei genau nach den Konditionen, denn meist wird hierbei so viel ausgeschlossen, dass es sich kaum rechnet.

*Manchmal entdecken Katzen überraschende Eigenschaften in ganz alltäglichen Dingen. (Foto: U. Schanz)*

## Zeit und Organisation

Sie träumen davon, in Ihren Mußestunden eine schnurrende Katze auf dem Schoß zu haben und zu kraulen? Bedenken Sie, dass Ihre Katze immer da ist und somit immer Zuwendung benötigt. Nein, ich meine damit keinesfalls eine Rundum-die Uhrbetreuung, denn gute 15 Stunden täglich ist die Katze mit Schlafen und Dösen beschäftigt, dazu einige Zeit mit Putzen, Wohnung kontrollieren, aus dem Fenster schauen.

Aber etwa eine Stunde Beschäftigung mit der und für die Katze sollten Sie auf jeden Fall einplanen: zweimal täglich füttern, Katzentoiletten reinigen, Streichel- und Spieleinheiten, Fellpflege. Und da die Katze einen geregelten Tagesablauf liebt, ist es sinnvoll, die täglichen Verrichtungen wie Füttern, Spielen und Fellpflege in etwa auf die gleiche Zeit zu legen.

*Machen Sie aus der Schmusestunde ein Ritual. Sie werden es beide genießen! (Foto: U. Schanz)*

Zusätzlich zu dieser Zeit sollten Sie auch häufig zu Hause sein, denn Ihre Katze schätzt Ihre Anwesenheit: Sie braucht Ihren Schoß zum verweilen, Ihre Stimme für regelmäßige Ansprache, Ihre Beine zum Schubbern und Ihre Hände für gelegentliches Streicheln.

Es ist auch sinnvoll, bereits frühzeitig zu überlegen, wie Ihre Katze versorgt wird, wenn Sie verreisen. Haben Sie Freunde, Verwandte oder Nachbarn, die die Katze während Ihrer Abwesenheit betreuen, also am besten zweimal täglich besuchen, versorgen, die Toiletten reinigen und ein wenig mit ihr spielen? Optimal ist tatsächlich die Versorgung in den eigenen vier Wänden, weil sich Ihre Katze hier am wohlsten fühlt. Wenn Sie niemanden kennen, der dies übernehmen kann, erkundigen Sie sich nach einem Catsitter bei Ihrem örtlichen Tierschutzverein oder hören Sie sich nach professionellen Haushütern um. Falls alle diese Möglichkeiten nicht in Betracht kommen, suchen Sie rechtzeitig nach einer vertrauenswürdigen Katzenpension.

*Akzeptiert eine Katze den Hund im Haus, hat sie meist das Sagen (Foto: B.Schellhammer)*

# Die richtige Katze

*„Es ist gleichgültig, ob eine Katze schwarz oder weiß ist, Hauptsache, sie fängt Mäuse."*
Deng Xiaoping

## Welche Katzen eignen sich für die reine Wohnungshaltung?

Eine Katze, egal wie domestiziert sie ist, ist doch ein Raubtier, deren eigentlicher Lebensraum die Freiheit ist. Für die meisten Katzen ist es jedoch kein Problem, dauerhaft in eine Wohnung zu ziehen, die auf ihre Bedürfnisse ausgelegt ist. Wenn Sie einen gut gesicherten Balkon haben, ist es sogar möglich, Katzen, die bisher Freigang hatten, an das Leben in einer katzengerecht eingerichteten Wohnung zu gewöhnen, ohne dass diese etwas vermissen.

Oftmals sind es Äußerlichkeiten, die uns als Erstes für eine bestimmte Katze oder eine Rasse einnehmen. Für eine harmonische Beziehung ist es allerdings viel wichtiger, eine freundliche, aufgeschlossene Katze zu sich zu nehmen, die sich gut in das Familienleben einfügen. Eine Katze also, die mit Menschen, am besten in der Wohnung, groß geworden ist und bereits dort wirklich zur Familie gehörte.

Wenn Sie sich für eine Rassekatze entscheiden, achten Sie darauf, sie bei einem verantwortungsvollen Züchter zu kaufen, wo die Tiere Familienanschluss haben, und erkundigen Sie sich umfassend nach den Charaktereigenschaften der jeweiligen Rasse. Perser und Kartäuser zum Beispiel sind eher ruhige Vertreter, Siamkatzen dagegen sind quirlig und agil.

Die normale Hauskatze, auch Europäisch Kurzhaar genannt, ist eine recht robuste und unkapriziöse Persönlichkeit, die sich fast überall zurechtfindet. Um nun die für Sie geeignete Katze zu finden, ist es sinnvoll, erst mal Ihre eigene Umgebung zu betrachten. Sind Sie Single mit viel Zeit und Ruhe oder einer mit eher wenig Zeit? Haben Sie eine große Familie und es ist immer etwas los bei Ihnen? Haben Sie vielleicht gar einen Hund?

Mit viel Geduld lässt sich fast jede Katze in jeder Umgebung eingewöhnen, aber das kann eine Menge Zeit und Nerven kosten. Einfacher ist es, eine Katze aufzunehmen, die aus ähnlichen Umständen kommt, wie sie sie auch bei Ihnen vorfinden wird.

## Das Alter

### Katzenkinder

Junge Katzen sind einfach niedlich. Dennoch müssen Sie bedenken, dass sie zu den Katzen mit besonderen Ansprüchen gehören (siehe S.70) Andererseits sind sie gut an andere Katzen oder auch Hunde zu gewöhnen. Das früheste Alter für die Trennung von der Mutter ist übrigens bei zehn, besser zwölf Wochen.

*Für Katzenkinder ist die Wohnung ein einziges Abenteuerland, das erobert werden will. (Foto: J. Aurahs)*

## Ausgewachsene Katzen

Eine erwachsene Katze ist eine richtige Persönlichkeit. Sie hat bereits Charakter und natürlich Erfahrungen gesammelt. Je besser diese Erfahrungen im Bezug auf Menschen waren, desto besser für eine harmonische Katze-Mensch-Beziehung. Eine erwachsene Katze ist natürlich immer eine Secondhand-Katze. Versuchen Sie vor Aufnahme einer solchen Katze so viel wie möglich über ihr Vorleben zu erfahren. Zugegeben: Antworten zu bekommen ist oftmals schwierig, besonders wenn es sich um Tiere vom Tierschutz handelt. Dennoch finden sich hier liebenswerte und unkomplizierte Samtpfoten, die nur auf eine neue Chance mit neuen Menschen warten. Sie sind bereit und in der Lage, sich neuen Gegebenheiten anzupassen, sich zu verändern, Neues hinzuzulernen. Dass man eine erwachsene Katze nicht mehr erziehen, dass sie keine tiefe Bindung mehr eingehen kann, ist leider ein scheinbar unausrottbares Vorurteil. Bitten Sie um Hilfe und einen Ansprechpartner in der Eingewöhnungsphase und um die unbedingte Möglichkeit der Rükkgabe, falls Mensch und Tier sich überhaupt nicht miteinander anfreunden können.

*Bei einer Secondhand-Katze dauert es manchmal etwas länger, bis sie Vertrauen fasst. (Foto: U. Schanz)*

Vorsicht, nehmen Sie als Katzenanfänger keine Katze aus Mitleid! Sitzt im Tierheim eine Mieze immer fauchend in der Ecke? Sieht sie ganz mickerig aus? Ist das arme Kätzchen gar krank oder wird als aggressiv oder sehr scheu beschrieben? Wenn Sie bereits Katzenerfahrung haben und über Zeit, Geld und Nerven verfügen, ist es wunderbar, solche armen Wesen aufzupäppeln, vielleicht sogar wieder starke und selbstbewus-

ste Katzenpersönlichkeiten hervorzukitzeln, aber ansonsten: Finger weg. Weder Sie noch die Katze werden glücklich, sondern eher frustriert. Der Zustand der Katze kann sich noch verschlimmern. Und es steht ihr schlimmstenfalls ein Weiterreichen in immer neue Hände mit immer neuen Ausreden bevor.

## Wie viele Katzen sind ideal?

Bevor wir uns der Frage widmen, wie viele Katzen ideal sind, bitte ich Sie, Ihrer Fantasie freien Lauf zu lassen. Stellen Sie sich vor, Sie lebten unter einer Glasglocke. Für Ihren Lebensunterhalt ist gesorgt, Sie haben alles, was Sie benötigen: leckere Lebensmittel in ausreichender Menge, Unterhaltungsmöglichkeiten für den Geist, sportliche Möglichkeiten für das Körpertraining und alles, was Sie sonst noch wünschen. Mehrmals täglich kommt ein seltsames Wesen zu Ihnen, um Sie mit Neuem zu versorgen, merkwürdige (durchaus liebevolle) Geräusche von sich zu geben und etwas schützende Körpernähe anzubieten. Nur eben kein Mensch, mit dem Sie mal reden könnten. Über das Wetter, über das Essen, über das, was Sie morgens in der Zeitung gelesen haben. Niemand, der wenigstens hin und wider da ist, mit dem Sie sich streiten können oder der Sie mal in den Arm nimmt. Eine für Sie erschreckende Vorstellung? Würden Sie etwas wunderlich werden? Depressiv, aggressiv, krank sogar?

So etwa ergeht es einer Einzelkatze in der Wohnung. Egal wie optimal Sie für Ihren Schützling sorgen, egal wie viel Zeit und Zuwendung Sie aufbringen: Sie können für Ihre Katze immer nur Ersatzkatze sein, niemals ein Artgenosse.

*An einen Freund gekuschelt schläft es sich am besten. (Foto: B. Schellhammer)*

Einige wenige Katzen gibt es, die ausgezeichnet mit diesem Zustand leben können, es sind Eigenbrötler wie menschliche Einsiedler und haben mit ihren Artgenossen nicht viel am Hut. Viele andere können sich mit dem Fehlen von Artgenossen arrangieren, wenn der Rest stimmt. Sind Menschen fast rund um die Uhr zu Hause und beschäftigen sich viel mit der Katze, ist Einzelhaltung möglich, wird aber der Katze nicht wirklich gerecht.

Zwei Katzen halte ich für optimal, egal ob für den Singlehaushalt oder die Familie. Zwei Katzen, die sich verstehen. Und ich kann Ihnen versichern, dass es auch Ihnen ein pures Vergnügen bereiten wird, zwei Katzen um sich zu haben.

Natürlich dürfen es auch mehr als zwei Katzen werden. Wenn Sie reichlich Platz in Ihren vier Wänden haben (zusätzlich zu Küche, Bad und Flur mindestens ein „eigener“ Raum als Rückzugsmöglichkeit für jede Katze), genügend Geld für Futter und Tierarzt, vor allem genügend Hände zum Kraulen (zum Beispiel in einer Familie), spricht nichts gegen eine Dritt- oder Viertkatze. Aber Vorsicht, fangen Sie bitte nicht an, Katzen zu „sammeln“. Schnell verpassen Sie so den Moment, wo sich die Katzen bei Ihnen nicht mehr wirklich wohl fühlen, weil sie ihre Ruhe vor ihren Artgenossen nicht mehr finden.

Die Wohnungsgröße ist für die artgerechte Katzenhaltung nicht wirklich wichtig. Ein 20 Quadratmeter Appartement ist sicherlich kein dauerhaft geeigneter Aufenthaltsort für eine Katze, aber eine 60 Quadratmeter große Wohnung, die so richtig katzengerecht eingerichtet ist, wo es Schlupfwinkel und gemütliche Sofas gibt, viele Fenster mit Fensterbrettern und Schränke, die die Katze erklettern darf, ist auf jeden Fall geeigneter als ein 150 Quadratmeter Designerloft mit Granitböden, Kleiderschrank, Bett, Ledersofa und Stereoanlage und sonst nichts.

*Zu zweit kommt man auch auf die tollsten Spielideen. (Foto: U. Schanz)*

# Katzen und Kinder

*„Sie wird Mäuse fangen und nett zu Babys sein, wenn sie im Haus ist, wenn die sie nicht zu sehr am Schwanz ziehen."*

Rudyard Kipling

Oft kommt der Wunsch nach einer Katze von einem Kind. Und wenn es auch zunächst scheint, als würden sich ruhebedürftige Katzen und aktive, lärmende Kinder in einer Wohnung gegenseitig ausschließen, kann dies eine wunderbare Paarung sein. Allerdings sind hierbei einige Dinge zu beachten und Regeln zu befolgen.

Das Kind ist der ganzen Verantwortung der Katzenhaltung nicht gewachsen. Sie müssen also von Anfang an bereit sein, der eigentliche Mensch für Ihre Katze zu sein. Außerdem muss dem

Kind klar sein, dass eine Katze kein Spielzeug ist und nicht erschreckt, nicht gepiekst und nicht gejagt werden darf. Und dass man sie weder am Schwanz noch an den Ohren oder Barthaaren ziehen darf.

## Altersunterschied ist wichtig

Kleinkinder und kleine Katzen zusammenzubringen geht selten gut. Kleinkinder haben sich noch nicht weit genug im Griff, um die Katze mit dem nötigen Respekt zu behandeln, und kleine Katzen sind noch nicht weise genug, sich unter dem Sofa zu verkriechen, bis das Gewitter ins nächste Zimmer weitergezogen ist oder mit einem vorsichtigen Pfotenschlag klarzustellen, wo die Grenze zwischen Zuneigung und Aufdringlichkeit liegt.

Wenn also kleine Kinder und kleine Katzen aufeinander treffen, sind Kratzer, Bisse und Tränen vorprogrammiert. Schnell wird aus dem ersehnten Spielkameraden ein Furcht einflößendes Raubtier, und schon viele Katzen sind deshalb auf der Straße oder im Tierheim gelandet. Generell empfiehlt sich folgende Faustregel: Je jünger und aktiver das Kind ist, desto erfahrener und ruhiger sollte die Katze sein. So steht einer innigen Freundschaft und bereichernden Erfahrung nichts im Wege.

## Baby unterwegs

Sie müssen Ihre Katze nicht weggeben, weil Sie selbst Nachwuchs erwarten. Zwar gibt es immer noch Frauen- und Kinderärzte, die für die sofor-

*Zu kleinen Kindern passt am besten eine geduldige und nervenstarke Katze. (Foto: B. Schellhammer)*

tige Abschaffung des Tieres plädieren, da bestimmt eine Toxoplasmoseinfektion und damit Gefahr für das ungeborene Leben vorprogrammiert wäre, doch das ist Unsinn.

Die meisten Menschen in Deutschland, etwa 60 Prozent, sind bereits toxoplasmosepositiv. Sie haben sich meist durch den Genuss von rohem Fleisch (Mettbrötchen) infiziert, in der Regel, ohne es zu bemerken. Damit haben Sie genügend Antikörper gebildet und sind vor der Erkrankung geschützt. Aber selbst wenn die künftige Mutter nicht toxoplasmosepositiv ist, kann die Katze bleiben. Denn auch Katzen infizieren sich durch den Verzehr von rohem Fleisch. Eine Wohnungskatze, die ihr Leben lang nur Fertignahrung gefressen hat, ist höchstwahrscheinlich frei von Toxoplasmose. Ansonsten reichen einfache Vorsichtsmaßnahmen während der Schwangerschaft: Lassen Sie ein anderes Familienmitglied die Katzentoilette reinigen, das vor allem täglich, denn die mit dem Kot ausgeschiedenen Erreger benötigen drei Tage an der Luft, um Infektionen hervorrufen zu können. Waschen Sie sich nach dem Schmusen mit der Katze die Hände. Lassen Sie regelmäßig Blutuntersuchungen machen, dann haben Sie alle Eventualitäten ausgeschlossen. Überhaupt bekommen nur 0,3 Prozent aller Schwangeren eine frische, also gefährliche Toxoplasmoseinfektion, und von denen haben übrigens die meisten gar keine Katzen.

Auch die Angst vor Allergien oder Asthma des menschlichen Nachwuchses ist zumeist unbegründet. Besonders gefährdet wäre Ihr Kind nur, wenn auch die Eltern, also Sie, mit Allergien oder Asthma vorbelastet wären, und dann hätten Sie ja eh keine Katze.

Neueste medizinische Untersuchungen belegen, dass Kinder mit Haustieren weniger zu Allergien neigen als solche ohne tierische Freunde. Und falls sich doch irgendwann eine Allergie gegen die eigene Katze einstellen sollte, ist es immer noch früh genug, in Ruhe ein neues, verantwortungsvolles zuhause für den Stubentiger zu suchen.

# Sicherheit zuerst

*„Eine zum Verschwinden entschlossene Katze vermag sich nach Belieben wie ein Taschentuch zusammenfalten."*
Louis J. Camuti

Da Katzen von Natur aus neugierig sind, lauern in einem ganz normalen Haushalt Gefahrenquellen auf sie, an die Sie selbst nicht im Traum gedacht hätten. Der Jagd- und Beutetrieb der Katze hingegen stellt eine dauerhafte Gefahr für achtlos aufgestellte und zerbrechliche Kleinode Ihrer Wohnungsdekoration dar. Durch nur wenig Aufwand lassen sich aber die Gefahren für Katze und Wohnung nahezu ausschalten.

## Gekippte Fenster

Fensterbänke sind begehrte Aussichtsplätze für die Katze. Draußen ist immer etwas zu beobachten, im Winter ist die meist unter dem Fenster

*Stundenlang können Katzen am Fenster sitzen und „fernsehen". Ein fest montiertes Fliegengitter hält Plagegeister draußen und die Katze sicher drin. (Foto: U. Schanz)*

befindliche Heizung ein Garant für ein warmes Schlafplätzchen und bei gekipptem Fenster kommen mit der frischen Luft die interessantesten Düfte in die gute Stube.

Fenster in gekippter Stellung können zur schmerzhaften, ja tödlichen Falle für Ihre Katze werden, wenn sie versucht, durch den schmalen Spalt des gekippten Fensters in die interessante Welt dahinter zu entkommen. Quetschungen, Prellungen, daraus resultierende Lähmungen und gebrochene Knochen bis hin zum qualvollen Verenden im Fensterspalt können die traurigen Folgen sein.

Wenn also zwischen Wand und Fenster oder zwischen den beiden Flügeln eines Doppelfensters ein Spalt entsteht, von dem auch nur vermutet werden kann, dass die Katze, zumindest aber Kopf oder Pfoten hindurchpassen, kippen Sie die Fenster entweder nur in Ihrer Anwesenheit und haben Sie dabei ein Auge auf die Katze oder bringen Sie eine Sicherung an. Diese besteht aus Rahmen, die zwischen Wand und Fensterrahmen angebracht werden, und Netze oder Gitter in den Zwischenräumen haben. Solche Sicherungen gibt es für Standardfenster im Handel, sonst bleibt Ihnen nur eine – eventuell auch selbsthergestellte – Maßanfertigung. Falls das Anbringen einer solchen Sicherung nicht möglich ist, bieten sich auch folgende Lösungen an:

- In der Fensteröffnung an der Wand angebrachte Winkel, die das gekippte Fenster fangen und so nur einen Spalt von wenigen Zentimetern zulassen.
- Keile oder Bretter aus Holz oder stabilem Kunststoff, die an der Seite bis mindestens zur halben Fensterhöhe zwischen Rahmen und Scheibe geschoben werden und so den Spalt blockieren.

*Für Stubentiger ist so ein Balkongitter lebensgefährlich: Auch die routinierteste Katze rutscht irgendwann ab. (Foto: U. Schanz)*

- Große, schwere Blumentöpfe mit großen, dichten Pflanzen, die jeweils in der Ecke der Fensterbank stehen und den Spalt verbauen.

Öffnen Sie einige oder alle Fenster hin und wieder komplett, empfiehlt sich die Anbringung von Fliegengittern, damit die Katze nicht aus dem geöffneten Fenster klettert. Ich habe übrigens zumindest in der wärmeren Jahreszeit Fliegengitter vor allen Fenstern, denn so ist die Wohnung nicht nur mückenfrei, es kommen auch keine Motten, Fliegen und Schnaken hinein. Diese größeren Insekten sind für Ihre Katze eine tolle Beute, für die sie buchstäblich die Wände hochgeht, und zwar ohne Rücksicht auf bewegliche Teile der Wohnungseinrichtung. Vor der Anbringung der Fliegengitter habe ich so einen teuren Lautsprecher, der eigentlich stabil auf dem Wohnzimmerschrank stand, verloren.

## Balkonnetze

Ein Balkon ist natürlich das Größte für eine Wohnungskatze. Er bietet ihr frische Luft, interessante Beobachtungen und das Gefühl, draußen zu sein. Doch birgt ein ungesicherter Balkon auch einige Gefahren. Ein plötzliches, erschreckendes Geräusch beim Balanceakt auf dem Balkongeländer, ein in Reichweite vorbeihuschendes Eichhörnchen oder ein Vogel, und schon kann es passieren, dass Ihre Katze vom Balkon springt oder fällt. Schlimmstenfalls kann sie sich dabei verletzen oder auf Nimmerwiedersehen verschwinden. Sichern Sie Ihren Balkon lieber mit einem Netz. Diese gibt es als Meterware in unterschiedlichen Höhen und Stärken im Tierfachhandel. Mit einigen in die Wand oder die Decke

*Auf einem gesicherten Balkon können Sie Ihre Katze beruhigt alleine lassen. (Foto: U. Schanz)*

geschraubten Haken oder am Geländer befestigten Drähten lassen sich diese Netze leicht rund um den Balkon spannen. Haben Sie keine Spannmöglichkeit nach oben, bringen Sie in den äußeren Balkonecken zwei Pfosten an, ziehen das Netz daran hoch und lassen es in ausreichender Höhe nach innen umklappen. Auch so ist der Balkon ausbruchsicher.

Erkundigen Sie sich, vor allem wenn der Balkon zur Straße geht, zuvor bei Ihrem Vermieter oder der Eigentümergemeinschaft, ob Sie ein solches Netz anbringen dürfen, sichern Sie hierbei den sachgemäßen Aufbau und natürlich auch den schadenfreien Abbau bei einem Auszug zu.

Kontrollieren Sie bitte regelmäßig die Stabilität des Netzes und tauschen Sie es gegebenenfalls durch ein neues aus.

## Schwarze Löcher in der Wohnung

Katzen sind die geborenen Entdecker. Sie werden immer irgendwo eine interessante Ecke, ein Loch oder eine Ritze finden, die eine genaue Erkundung wert sind. Diese interessanten Stellen in Ihrer Wohnung sind wichtig für die Katzen. Ein Blick unter das Sofa, eine Kontrolle hinter dem Schrank ist immer eine Bereicherung für ihren Tagesablauf. Dennoch gibt es „schwarze Löcher“, die Gefahren für die Katze bergen und deshalb unbedingt gesichert werden müssen. Hierzu zählen zum Beispiel alle Elektrogroßgeräte wie Waschmaschinen, Kühlschränke, Herde (auch Gasherde) und so weiter, die zwischen Wand und Gerät genug Platz für eine Katze lassen. Stellen Sie diese Geräte so nah wie möglich an die Wand und sichern Sie mögliche Nischen mit Leisten oder Abschlusskanten. Natürlich müssen auch die Abschlüsse nach oben, also beispielsweise in Höhe der Arbeitsplatte in der Küche, dicht sein, damit der kleine Entdecker nicht von oben in ein solches „schwarzes Loch“ fallen kann.

Sofas, Sessel, Betten mit Federkern oder Bettkästen müssen nach unten geschlossen sein, damit die Katze hier nicht in die Stahlfedern krabbeln kann. Stellen Sie sich lieber nicht vor, was sonst passieren könnte, wenn Sie sich setzen oder die Katze sich in den Federn verheddert.

Waschmaschinen, Wäschetrockner, Spülmaschinen, Kühlschränke und Herde werden ab sofort immer nur bei Benutzung geöffnet und sofort wieder verschlossen. Bleiben diese Geräte unbeaufsichtigt geöffnet, kann es schnell passieren, dass eine Katze diese interessante, gut rie-

*Offen stehende warme Trockner oder bereits gefüllte Waschmaschinen sind verlockende Kuschelhöhlen. (Foto: U. Schanz)*

chende und vielleicht sogar noch gemütlich warme Höhle erkundet und sich zu einem Nickerchen einkuschelt. Werden die Geräte dann ohne Kontrolle und in Gedanken geschlossen, sitzt die Katze in einer tödlichen Falle.

Auch der Toilettendeckel wird immer nach geschlossen, damit keine Katze von dem meist chemiehaltigen Wasser trinkt oder gar in den Abfluss fällt. Und gewöhnen Sie sich bitte an, vor jedem Verschließen Ihres Schrankes einen kurzen Kontrollblick hineinzuwerfen. Schließen Sie Ihre Katze mit ein, könnten deren Befreiungsversuche aus dem Gefängnis Sie einen guten Mangel oder Anzug kosten …

## Giftige Pflanzen

Viele unserer geliebten Zimmer- und Balkonpflanzen sind giftig und einige davon haben in einem Katzenhaushalt wirklich nichts zu suchen. Allen voran seien hier Weihnachtssterne, Euphorbien oder Wolfsmilchgewächse wie zum Beispiel der Christusdorn, außerdem Maiglöckchen, Gold-

*Junge Katzen wollen alles, wirklich alles, genau untersuchen. (Foto: Chr. Pinnekamp)*

*Passivrauchen ist übrigens auch Gift für Katzen. Es verdreifacht ihr Krebsrisiko. (Foto: U. Schanz)*

regen und Alpenveilchen genannt. Aber auch Aaronstabgewächse wie Efeututen oder Philodendren, Blattfahnen, Difenbachia, Kroton, Efeu, der einstmals so beliebte Gummibaum oder auch der Ficus, Geranien, Begonien und Oleander enthalten Giftstoffe oder ätherische Öle, die zu Vergiftungserscheinungen führen können. Je nach Stärke des Giftes können sie, wenn Ihre Katze davon nascht, zu Erbrechen und Durchfall, bis hin zu Koliken, Krämpfen und Lähmungen führen. Dennoch besteht kein Grund, nun alle Pflanzen auf den Müll zu werfen. Verzichten Sie auf die erstgenannten und bieten Sie Ihrer Katze attraktive „Knabberalternativen" (siehe Abschnitt Katzengrasim golgenden Kapitel), dann wird keine Katze versehentlich Unbekömmliches naschen. Auf meinem Nordbalkon wächst seit Jahren Efeu und ich habe auch einen Ficus und eine Efeutute, ohne dass meine Katzen je auch nur ein zweites Mal dran gerochen hätten. Übrigens gehören in einen Katzenhaushalt auch keine Kakteen, da von den Stacheln eine nicht zu unterschätzende Verletzungsgefahr ausgeht. Und wenn Sie sich im Blumengeschäft einen schönen Strauß aus Blumen, Gräsern und Farnen binden lassen, verzichten Sie bitte unbedingt auf Glanzspray.

## Chemie im Haushalt

Chemie lauert im Haushalt fast überall: Ohne großartig darüber nachzudenken, benutzen Sie Reiniger, Desinfektionsmittel, Blumendünger, Kosmetika, ätherische Öle, Medikamente und Farben. Alle Flaschen, Dosen, Schachteln und Tiegelchen, die derartige Chemie beinhalten, müssen direkt nach der Benutzung wieder sorgfältig verschlossen und unerreichbar weggestellt werden, am besten hinter eine ebenfalls dicht schließende Tür.

Putzmittel enthalten toxische Stoffe und sind obendrein noch ziemlich ätzend. Verzichten Sie zugunsten Ihrer Katze und Ihres eigenen Immunsystems auf einen Großteil davon. Mit einem Neutralreiniger, Spülmittel und einem milden WC-Reiniger sind Sie bestens ausgerüstet. Empfehlenswert ist ein Dampfreiniger, mit dem glatte Fußböden, aber auch Wandfliesen, Polstermöbel und Teppiche ohne Chemie gereinigt werden können. Aus Erfahrung kann ich Ihnen versprechen, dass der Wohnungsputz im Katzenhaushalt mit einem solchen Gerät auch viel schneller vonstatten geht als mit einem her-

*Vorsicht: Nicht alle Putzmittel riechen für eine Katzennase unangenehm. Sie könnten zum Ausprobieren verleiten. (Foto: B.Schellhammer)*

*Wollknäuel durch die Wohnung treiben ist für viele Katzen ein herrliches Spiel, verschluckte Fadenstücke aber sind zu gefährlich. (Foto: B. Schellhammer)*

kömmlichen Putzlappen oder Wischer. Auch Kosmetika sind nicht unproblematisch. Einige Katzen finden den Geschmack von Cremes und Parfum unwiderstehlich und möchten die Haut abschlecken, die gesalbt und beduftet ist. Vielleicht machen sie das ja auch nur, damit ihr Mensch wieder nach ihrem Menschen riecht. Schieben Sie Ihre Katze unerbittlich weg, selbst wenn Sie diesen Vorgang als niedlichen Liebesbeweis empfinden.

Hat Ihre Katze sich verletzt oder haben Sie den Verdacht einer Vergiftung (beispielsweise durch Erbrechen, heftiges Speicheln oder Krämpfe), so bringen Sie Ihre Katze bitte umgehend zum Tierarzt.

## Verletzungsgefahren

Viele Dinge, die wir bislang nicht oder kaum beachtet haben, bergen ernsthafte Gefahren für unsere Samtpfoten. Herumliegende oder heruntergefallene Nähnadeln mit Fadenenden sind ein interessantes Spielzeug, das die Katze aber schnell verschlucken kann. Schwerste innere Verletzungen im Bereich von Rachen, Speiseröhre, Magen oder Darm können die Folge sein. Ebenso gefährlich ist die Verwendung von Satin-, Bast- oder Kräuselband, zum Beispiel als Tischdekoration oder Geschenkband. Das Band lädt unwiderstehlich zum Spielen ein und kann beim Verschlucken mit seinen scharfen und stabilen

*Nicht alle Katzen sind damit zufrieden nur die untersten Zweige des Weihnachtsbaumes abzuräumen. (Foto. B. Schellhammer)*

*In einem sind sich allle Katzen einig: Sie hassen geschlossene Türen in ihrem Reich. (Foto: B. Schellhammer)*

Kanten den Darm einer Katze buchstäblich in kleine Stücke schneiden.

Heiße Herdplatten decken Sie bitte nach dem Kochen immer ab, am besten bis zum Auskühlen mit einem passenden Topf. Katzen riechen verlockende Düfte und springen, und das nicht nur einmal, auf den freigeräumten, heißen Herd.

Auf Kerzen brauchen Sie übrigens nicht verzichten. Allerdings sollten sie in hochwandigen Windlichtern, oder sehr stabilen Ständern stecken beziehungsweise Teelichter in einem Glas sein. Dass Sie Kerzen nie, wirklich niemals unbeaufsichtigt brennen lassen dürfen, brauche ich Ihnen gar nicht extra sagen, das haben Sie ja auch schon in Ihrer katzenlosen Zeit beachtet.

Auch Weihnachtsbäume sind, einige Sicherheitsmaßnahmen vorausgesetzt, kein Tabu. Sie können leider nur ausprobieren, was Ihre Katze hängen lässt. Es gibt Katzen, die sind damit zufrieden, wenn an die untersten Zweige Spielzeug für sie gehängt wird, und lassen Lametta, glitzernde, spiegelblanke Kugeln und echte Kerzen in Frieden. Bei Draufgängern und leidenschaftlichen Kletterern müssen Sie zum Wohle Ihrer Katze, Ihrer Wohnung und vor allem Ihrer Nerven auf die traditionelle Weihnachtspracht verzichten. Stellen Sie Ihren Baum auf jeden Fall fest in einen stabilen, sehr stabilen Ständer auf den Fußboden, sichern Sie ihn eventuell im oberen Drittel zusätzlich durch Festbinden, und decken Sie das Gießwasser mit einem dichten Deckel ab.

Zimmertüren sind Ärgernis und Herausforderung gleichermaßen für Katzen. Ärgernis, wenn sie geschlossen sind und der Herrscher über Ihr Reich (ich meine natürlich Ihre Katze) nicht nach

Belieben von einem Raum in den nächsten spazieren kann. Eine Herausforderung, und eine gefährliche noch dazu, ist der schmale Spalt zwischen Tür und Rahmen, durch den man als Katze so prima die Pfote stecken und imaginäre Beute angeln kann. Schnell bewegt sich die Tür und die Pfote wird gequetscht. Sichern Sie Ihre Türen mit Feststellern oder hängen Sie die Türen, die Sie nicht wirklich benötigen, gleich aus und tragen sie in den Keller. Dort bleiben sie dann auch schön sauber und müssen nie mehr gestrichen werden.

## Sicherheit für Ihre Einrichtung

Natürlich kann keine Katze zwischen einem Plastikbecher und einem Mokkakännchen aus Meißner Porzellan unterscheiden. Sichern Sie also Ihre kostbaren Stücke hinter Glas in einer Vitrine oder in einem wirklich unerreichbaren Regal. Das bedeutet nicht, dass Sie ab sofort mit nackten und kahlen Möbeloberflächen leben müssen. Machen Sie selbst den Stabilitätstest: Stupsen Sie mit dem Finger gegen den oberen Rand Ihrer Dekoration. Steht das Stück stabil (oder könnten Sie auch ohne es leben), darf es stehen bleiben. Kippelt es, hat es nur eine winzige Standfläche oder ist es sowieso unersetzbar: ab damit in die Vitrine.

Blumentöpfe und -vasen sollten immer aus schwerem Material sein und eine breite Standfläche haben. Die Erde in den Töpfen schützen Sie vor der Verwechslung mit der Katzentoilette am besten, indem Sie große Kieselsteine darauf verteilen.

*Korb- und Rattan ist für Katzen eine Einladung: „Bitte hier kratzen!" (Foto: U. Schanz)*

Verzichten Sie bei der nächsten Renovierung auf Textiltapete und beim Möbelkauf auf Ware aus oder mit Rattan oder Korb. Beides wirkt unwiderstehlich auf Katzen, da kann der beste Kratzbaum nicht konkurrieren. Tauschen Sie Vorhänge, die sich neben dem Fenster in dekorativen Wellen auf den Boden ergießen, gegen die knapp bodenlange Variante ohne Schnüre oder Troddeln. Zumindest für erwachsene Katzen ist der Vorhang damit so gut wie uninteressant (für Katzenbabys dagegen ist sie wie ein Klettergarten).

# Wie die Wohnungskatze wirklich glücklich wird

*„Es ist die Pflicht der Katze, dazusitzen und angebetet zu werden."*

Englisches Sprichwort

## Futter

### Selbst gekocht ist ungesund

Katzenfutter selbst herzustellen ist ein schwieriges und aufwendiges Unterfangen. Gegen ein gelegentliches Festmahl von gekochtem oder gebratenem Fleisch ist nichts einzuwenden. Roh gehört Fleisch aber nicht auf den Speiseplan , denn hier lauern allerlei Krankheitskeime. Nie, wirklich nie darf eine Katze rohes Schweinefleisch fressen. Es könnte den für Menschen ungefährlichen Aujeszky-Virus enthalten, der für eine Katze absolut tödlich ist, und bei Geflügel droht der eine Salmonellenvergiftung.

## Fertigfutter ist gesund

Handelsübliches Katzenfutter, immer zimmerwarm und nie direkt aus dem Kühlschrank serviert, ist ausgewogen auf den Nahrungsbedarf der Katze abgestimmt. Außerdem gibt es unterschiedlichste Geschmacksrichtungen für die kleinen Schleckermäulchen. Egal ob sich Ihre Katze für Feucht- oder Trockenfutter entscheidet, Sie brauchen sich keine Gedanken um Fehl- oder Mangelernährung machen. Es gibt Light-Produkte für „schwere Fälle", Spezialnahrung für Katzenkinder und Katzensenioren, Diätfutter für die Spezialernährung bei chronischen Krankheiten.

Nach Möglichkeit sollten Sie Futter in der sogenannten Premiumqualität wählen, das sind Futtersorten, die einen hohen Fleischanteil und wenig „tierische Nebenerzeugnisse", das heißt Schlachtabfälle wie Sehnen, Därme, Knochen und so weiter, enthalten. Dieses Premiumfutter ist meist teurer als die normale Supermarktqualität, allerdings auch sparsamer im Verbrauch, da die Energiedichte wesentlich höher ist, und es ist von hochwertigerer Qualität. Aber Achtung, teuer steht nicht automatisch für gut.

## Feucht- oder Trockenfutter?

Optimal ist sicherlich eine Ernährung mit Feucht- und Trockenfutter. Feuchtfutter hat den Vorteil gesicherter Flüssigkeitsaufnahme, denn es besteht meist zu etwa 80 Prozent aus Feuchtigkeit, Sie kaufen also quasi „schnittfestes Wasser mit Geschmack".

Trockenfutter dagegen ist gut für die Zahnhygiene der Katze, es entfernt beim Knabbern Beläge von den Zähnen und wirkt wie eine Zahnbürste. Sprechen Sie mit Ihrem Tierarzt über die Ernährung Ihrer Katze, er wird Ihnen qualifiziert Auskunft erteilen können..

*Die Futterschale sollte flach sein und so weit, dass die Katze beim Fressen nicht hineintauchen muss. (Foto: U. Schanz)*

## Abwechslung ist wichtig

Katzen legen sich leider schnell auf eine bestimmte Futtersorte fest. Kein Problem, denken Sie vielleicht, denn im Geschäft stehen die Regale ja voll davon. Nun, ich habe einmal den Fehler begangen, meinen Kater immer häufiger, dann schließlich nur noch mit seiner Lieblingssorte zu versorgen. Das ging gut bis zu dem Tag, an dem auf der Dose stand: „Neu, jetzt noch leckerer!" Der Kater fand das nicht. Die meisten Katzen haben leider auch die Angewohnheit, auf ein Futter nach ihrem Geschmack zu bestehen und auch mal längere Zeit zu hungern, bis sie sich widerwillig umgewöhnen lassen. Bei gesunden, fitten Katzen ist das nur eine Frage der Nerven, aber wenn eine gesundheitlich angeschlagene Katze in den Hungerstreik tritt, weil sie ihr Lieblingsfutter nicht bekommt, haben Sie schnell ein echtes Problem.

### Leckerchen

Leckerchen sind eigentlich nicht notwendig, genauso wenig wie Chips oder Pralinen für uns. Und meist auch genauso schädlich, denn viele enthalten zum Beispiel Zucker. Beschränken Sie bitte die Leckerchen auf ein Minimum.

Falls es jedoch eine Knabberei gibt, die Ihre Katze besonders gerne mag, nehmen Sie ruhig ein wenig davon mit. Sie können sie als unverzügliche Belohnung einsetzen, wenn Ihre Katze beispielsweise eine notwendige Fellpflege duldsam ertragen oder nach Aufforderung ihre Krallen endlich in den Kratzbaum statt in den Sessel geschlagen hat.

### Futternäpfe und -stellen

Eine Futterschüssel sollte zwei wesentliche Anforderungen erfüllen: Sie soll schwer genug sein, damit die Katze beim Schlecken die Schüssel nicht durch die halbe Wohnung schieben kann, und sie soll gut zu reinigen sein. Näpfe, die diesen Ansprüchen genügen, werden aus glasierter Keramik, Porzellan oder Edelstahl angeboten. Sie können jedoch auch auf Vorhandenes zurückgreifen. Im Haushalt finden sich bestimmt nicht mehr benötigte Tellerchen oder Servierschüsselchen aus Glas, Porzellan oder Edelstahl.

Natürlich bekommt jede Katze ihre eigene Schüssel, denn Sie mögen ja auch nur in Ausnahmen mit jemand anderem vom gleichen Teller essen.

*Ein eigener „Teich" ist Katzen lieber als jede frisch servierte Wasserschale. (Foto: U.Schanz)*

Der Futterplatz sollte ruhig und geschützt sein. Und achten Sie darauf, dass mehrere Katzen nicht gerade Nase an Nase fressen müssen, denn das macht nervös und fördert Futterneid. Einige Katzen lassen sich dadurch so irritieren, dass sie zu viel oder zu wenig fressen. Wird der Teller nicht leer gefressen, bitte den „Tisch" abräumen und das Futter nicht für den kleinen Hunger zwischendurch stehen lassen. Gerade im Sommer verdirbt es sehr schnell.

## Wasser

Ich habe aus Büchern und von so genannten Experten gelernt: Der Wassernapf gehört nicht neben die Futterschale und muss täglich mit frischem, sauberem Wasser gefüllt werden. In der

Tat trennt die Katze Futter- und Trinkstelle sehr genau, es ist sinnlos, den Wassernapf neben das Futter zu stellen, die Katze trinkt nur dann, wenn sie ausgesprochenen Durst hat. Es spricht auch nichts dagegen, einen Wassernapf täglich mit frischem Wasser zu füllen. Aber seien Sie Ihrer Katze nicht böse, wenn sie sich andere Trinkstellen sucht: Regenwasserpfützen auf dem Balkon, die Gießkanne, den tropfenden Wasserhahn, einen Kochtopf mit Einweichwasser in der Spüle.

### Wasserstellen müssen interessant sein

Wenn Sie Ihrer Katze jedoch attraktive Trinkstellen bieten möchten, bietet sich ein „Aquarium" an. Hierzu einfach eine Salatschüssel oder ein kleines Glasaquarium mit einigen sauberen Kieselsteinen, Aquariumkies oder Muscheln auslegen, Wasser drauf und fertig ist die Wasserstelle. Besonders spannend finden Katzen es, wenn einige Wasserlinsen oder Schwimmfarn auf der Oberfläche schwimmen und vielleicht sogar eine genügsame Wasserpflanze darin ist. Verdunstetes und getrunkenes Wasser auffüllen, sonst nichts mehr dran tun. Es werden sich Algen bilden, falls diese Oberhand gewinnen, einfach hin und wieder abschöpfen. Es ist gewöhnungsbedürftig, die Katze das veralgte Wasser trinken zu sehen, aber Katzen lieben das. Das Wasser ist so interessant, dass sie manchmal nur dicht mit der Nase darüber hängen, das Aroma genießen und das träge Treiben der Wasserpflanzen beobachten. Ich habe vier solcher Wasserstellen in verschiedenen Zimmern und auf dem Balkon. Alle werden gut angenommen und sorgen außerdem für ein gesundes Raumklima.

Auch Zimmerbrunnen sind spannende Trinkgefäße, die Abwechslung in das Leben Ihrer Katze bringen. Sie können mit unterschiedlichen Gefäßen und Inhalten experimentieren, das bringt auch interessante Dekoration in Ihre Wohnung. Achten Sie darauf, dass die Gefäße nicht aus Kunststoff sind und keine Chemie enthalten, also nur mit viel Wasser und eventuell einer Bürste gereinigt werden können, und mit normalem, beziehungsweise gefiltertem Wasser funktionieren (kein destilliertes Wasser).

Apropos Chemie im Wasser: Sorgen Sie bitte dafür, dass Ihre Katze nicht heimlich aus dem Blumentopfuntersetzer nascht. Düngerreste können akute oder schleichende Vergiftungen hervorrufen.

## Katzengras – Reinigung von innen

Gras oder sonstiges Grünzeug ist natürlich keine Nahrung. Katzen knabbern trotzdem gerne daran. Sie benötigen es, um beim Putzen verschluckte Haare, die nicht verdaut werden können, wieder herauszuwürgen. Wenn Sie das erste Mal erleben, wie eine Katze Haare auswürgt, werden Sie vermutlich sehr erschrecken. Denn der ganze kleine Körper pulsiert, sie gibt gluckernde und würgende Geräusche von sich, es wirkt fast, als wolle sie sich von innen nach außen stülpen. Das kann mehrere Sekunden bis zu einer Minute so gehen. Schließlich spuckt sie Haarballen, einzelne Haare, manchmal auch nur Grünzeug aus, schluckt noch mal und geht von dannen, als wäre nichts gewesen, während Sie noch überlegen, ob

Sie den tierärztlichen Notdienst anrufen sollen. Also, keine Sorge, ein hin und wieder ausgewürgter Haarballen ist keinesfalls gefährlich. Nur wenn die Katze mehrmals täglich oder über einen längeren Zeitraum immer wieder würgt, dabei vielleicht sogar immer Schaum erbricht, kann es sein, dass sie etwas im Hals hat und dem Tierarzt vorgestellt werden sollte.

## Was eignet sich als „Grünfutter“?

Am besten ist tatsächlich Gras, also lang gewachsener Rasen. Der lässt sich zum Beispiel auf dem Balkon in einer Babywanne oder einem umfunktionierten Katzenklo pflanzen (super ist Rollrasen vom Gärtner). Da hat Ihre Katze auch noch einen tollen, naturnahen Liegeplatz. Auch spezielles „Katzengras“ (hierbei handelt es sich zumeist um Weizen) aus dem Zoohandel oder einem Blumengeschäft tut es zur Not,. Gerne angeknabbert werden auch Palmen (Yuccas oder Dracaenas) oder Grünlilien. Nicht geeignet ist hingegen Papyrus oder Zyperngras, Segge oder Blauschwingel, da dies sehr scharfkantig ist und schon zu inneren Verletzungen geführt hat.

Eine Alternative zu Gras ist im Tierbedarf erhältliche Malzpaste oder Trockenfutter mit „Hairball-Control“, das dabei hilft, die Haare durch den Darm abzutransportieren. Aber das sinnliche Erlebnis von echtem Gras (beziehungsweise Katzengras) sollten Sie Ihrer Katze nicht vorenthalten, Sie bereichern damit ihren Lebensraum.

Manche Katzen mögen übrigens sogar Schnittlauch oder Porree. Wenn Sie vom Einkauf kommen, wundern Sie sich nicht, wenn Ihre Katze genüsslich kauend vor dem Korb sitzt.

*Im Gras in der Sonne zu liegen ist für Katzen ein Hochgenuss, egal wie groß die Wiese ist. (Foto: U. Schanz)*

*Am liebsten gehen Katzen etwas in ihrer „Kiste" hin und her, ehe sie sich für eine Stelle entscheiden. (Foto: U. Schanz)*

## Katzentoilette

### Mehrere Toiletten anbieten

Zunächst einmal gibt es in einem Katzenhaushalt nicht „das Katzenklo", sondern mindestens zwei und immer mindestens eins mehr, als Katzen im Haushalt wohnen. Grund hierfür ist, dass Katzen ungern Kot und Urin an der gleichen Stelle absetzen. Eine „Draußen-Katze" in der freien Natur würde das nie tun. Sie marschieren also auf das eine Klo, scharren eine Weile, setzen sich hochbeinig hin, möglicherweise sogar mit allen vier Beinen auf dem Rand balancierend, gucken verklärt-angestrengt und lassen einen Haufen in die Einstreu fallen. Dann scharren sie diesen Haufen mehr oder weniger erfolgreich zu, gehen kurze Zeit später zum nächsten Klo, hocken sich kurz hin und hinterlassen einen kleinen See. Später werden dann die Toiletten für die jeweiligen Geschäfte vertauscht.

### Groß, nicht gedeckelt

Sicherlich ist es möglich, eine Katze an eine Toilette mit geschlossenem Deckel und Einstiegsklappe zu gewöhnen. Aber stellen Sie sich bitte vor, dass Sie auf eine Toilette in einem winzigen Raum gehen müssten, in dem kein Luftabzug und keine Spülung ist. Haben Sie sich jetzt ein wenig geschüttelt? Gut, dann können Sie ja nachvollziehen, wie sich Ihre Katze in solch einem formschönen, nach außen recht geruchsneutralen „Kotbunker" fühlt. Tun Sie ihr den Gefallen und nehmen Sie die einfachste Ausführung in der größten Größe, also einen geräumigen flachen Kasten mit Rand. Billiger ist eventuell eine Miniwanne aus der Haushaltswarenabteilung, die kommt mit ihrem hohen Rand auch dem natürlichen Bedürfnis vieler Katzen entgegen, tief in der Hocke anzufangen, und dann mit dem Hintern langsam höher zu gehen. Katzenstreu wird so oder so durch die Wohnung getreten und spätestens, wenn Sie etwas riechen, wissen Sie, dass es Zeit ist, das Klo zu reinigen.

### Der geeignete Platz

Stellen Sie die Klos in verschiedene Zimmer, damit die Katze für ihr dringendes Geschäft immer einen ihr geeignet erscheinenden Platz findet. Platzieren Sie sie jeweils an einen geschützten Stelle, schließlich ist die Katze auf der Toilette ziemlich hilflos. Und ich brauche sicherlich

*Es gibt Katzen, die sich weigern Ihre Toilette (ungesäubert) mehr als einmal zu benutzen (Foto. U. Schanz)*

nicht darauf hinweisen, dass kein Katzenklo in die Nähe des Futterplatzes gehört, denn Sie essen ja auch nicht auf der Toilette.

## Katzenstreu muss vor allem der Katze gefallen

Katzenstreu gibt es ebenfalls in den unterschiedlichsten Ausführungen.: fein und gröber, klumpend und nicht klumpend, Flüssigkeit aufsaugende Granulatkügelchen, Ökostreu aus Naturfasern. Ich persönlich bevorzuge die klumpende Variante, da die Reinigung hierbei recht einfach vonstatten geht. Meine Katzen haben sich für eine sehr feinkörnige, wenig staubende Sorte mit dezentem Babypuderduft entschieden. Und das letzte Wort bei der Wahl der Einstreu haben tatsächlich die Katzen. Vielleicht haben Sie Glück und treffen auf Anhieb das Richtige. Wenn Sie nicht ganz sicher sind, füllen Sie die verschiedenen Toiletten mit unterschiedlicher Streu. Sie werden dann bald feststellen, welche Toilette am häufigsten frequentiert wird. Bingo.

## Unsauberkeit ist ein Hilferuf

Noch einige kurze Erläuterungen zum Thema Unsauberkeit: Eine zufriedene, gesunde Katze benutzt auch ihre Katzentoilette. Tatsächliche Unsauberkeit, also eine Katze, der es völlig egal ist, wo sie ihre Notdurft verrichtet und ob sie sich dabei selbst beschmutzt, gibt es bei Katzen nur in den allerseltensten, meist krankheits- oder altersbedingten Fällen. Wenn Ihre Katze also unsauber wird, ist die erste Konsequenz immer ein Gang zum Tierarzt.

Wenn organische Probleme ausgeschlossen sind und die Katze trotzdem Kot oder Urin nicht in der Katzentoilette absetzt, handelt es sich um eine – zugegeben unangenehme und uns auch zumeist unverständliche – Art der Kommunikation. Unkastrierte Katzen und Kater markieren ihr Revier, also Ihre Wohnung, und teilen so jedem potenziellen Eindringling mit: „Hier wohne ich, das ist alles meins.“ Selbst kastrierte Tiere neigen hin und wieder zu dieser Art der Markierung, etwa wenn sie sich in ihrem Revier durch neue Bewohner oder auch neue, Angst einflößende Möbel bedroht fühlen. Vielleicht wurde eine Katze mal durch eine andere auf der Toilette attackiert und hat nun Angst, wieder in die gleiche Situation zu geraten, vielleicht ist Ihnen mal etwas in Toilettennähe auf den Boden gefallen, die Katze hat sich erschreckt und bringt nun die harmlose Toilette mit dem erschreckenden Knall in Verbindung. Vielleicht vernachlässigen Sie die Katze in letzter Zeit und ihr ist die unangenehme Aufmerksamkeit bei der Schimpfe lieber als gar keine Aufmerksamkeit?

Die Gründe für einmalige oder häufigere Ausrutscher können vielfältig sein. Falls es aber passiert, sein Sie Ihrer Katze bitte nicht böse, denn Unsauberkeit ist immer ein schwer zu verstehender Hilferuf und niemals die Absicht, Sie vorsätzlich zu ärgern. Sprechen Sie mit Ihrem Tierarzt über das Problem, mit Katzenfreunden oder jemandem vom örtlichen Tierschutzverein, möglicherweise auch mit einem Tierheilpraktiker. Meist lässt sich im Gespräch ergründen, was die Katze vermitteln möchte, und Abhilfe schaffen.

*Ein Kratzbaum muss auch dann noch stabil stehen, wenn ein 6-Kilo-Kater die oberste Etage stürmt. (Foto: U. Schanz)*

## Kratzbäume und Klettermöbel

Es gibt dekorativere Möbel, doch einen Kratzbaum benötigen Katzen unbedingt. Die äußeren Hornschichten der Katzenkrallen lösen sich, die Katze gräbt ihre Pfoten in ein geeignet erscheinendes Objekt, kratzt kräftig daran und nach einiger Zeit bleiben die Krallenhüllen in dem Objekt hängen und darunter kommen die scharfen neuen Krallen zum Vorschein. Der zusätzliche Vorteil für Ihre Katze ist bei dieser Aktion, dass sie sich so richtig strecken kann und Duftmarken aus den Duftdrüsen an ihren Pfoten absetzt. Das ganze Objekt riecht nach dem Kratzen nach ihr, somit vertraut und zugehörig. Sie können sich nun selbst aussuchen, ob Ihre Katze diese Körperhygiene an einem Kratzbaum, einem Kratzbrett, Ihrem Lieblingssessel, der Raufasertapete oder einem Tischbein ausführt. Sie sehen also, wie wichtig ein akzeptierter Kratzbaum ist.

*Mit etwas handwerklichem Geschick wird aus einem simplen Kratzbaum eine Erlebniswelt (Fotos: K. Böhnemann)*

## Vom einfachen Kratzbaum zur Kratzlandschaft

Optimal ist ein Kratzbaum mit stabiler Bodenplatte, zwei Stämmen, Zwischenetage und Liegeplattform mit Plüsch- oder Stoffbezug auf stabilem Sperrholz. Einer der beiden Stämme sollte bis zu einer Höhe von 90 bis 100 Zentimeter ohne Zwischeneinbau sein. Die meisten Kratzbäume haben ihr erstes Zwischenbrett leider bereits in Höhen von 40 bis 70 Zentimeter. Stellen Sie sich Ihre Katze vor, wie sie sich lang streckt und kratzen möchte. Sie reicht sicherlich mindestens 80 Zentimeter hoch (Achtung, auch Kätzchen wachsen rasend schnell) und kratzt nur da, wo sie nicht behindert wird. Eine tiefer gelegene Bodenplatte am zweiten Stamm erleichtert vor allem Jungtieren und Senioren das Erklimmen der höher gelegenen Plattformen.

## Stabilität ist wichtig

Testen Sie bereits im Geschäft die Stabilität des Kratzbaumes, lehnen Sie sich ruhig mal auf die Plattformen, wackeln Sie an der Verankerung der Stammteile. Eine ruhig sitzende Katze wiegt vielleicht nur 4 oder 5 Kilogramm, wenn sie den Kratzbaum aber im Sturm erobert, kommen punktuell schnell einige Kilo mehr zusammen. Deckenhohe Modelle müssen sorgfältig verspannt und regelmäßig auf Stabilität überprüft werden. Kratzbäume lassen sich auch in Einzelteilen kaufen und nach Bedarf und Platz zusammensetzen.

Nun den Baum noch an eine Stelle platzieren, wo die Aussicht perfekt ist (vor ein Fenster oder an einen Zimmerdurchgang), und das Katzenglück ist perfekt. Wichtig ist auf jeden Fall, dass

*Eine Tonne zum Kratzen, darauf Liegen und darin Verstecken ist ein perfektes Katzenmöbel. (Foto: Chr. Pinnekamp)*

der Kratzstamm gut zu erreichen ist (niemals in eine Ecke stellen) und dass es vom Liegeplatz aus immer etwas zu betrachten gibt.

### Kratzflächen an der Wand

Zusätzlich zum Kratzbaum eignen sich als Kratz- und Markierflächen an die Wand geschraubte Kratzbretter aus dem Fachhandel oder mit Kork beklebte Zimmerecken. Auch ein an der Wand verschraubter Sisalläufer bringt viel Freude. Wenn Sie viel Platz haben, können Sie ein ganzes Wandstück mit Sisal oder Kork verkleiden und versetzte, einzelne Regalbretter anbringen. So hat Ihre Katze eine Kletterlandschaft, die sie wirklich fordert und fit hält.

## Lieblingsplätze

Eine Katze hat besondere Plätze für den Tiefschlaf, fürs Dösen, für das Faulenzen und Beobachten. Und davon immer am liebsten gleich mehrere. Alle haben ihre besondere Attraktivität. Im Winter vielleicht ein Hängekörbchen vor

*Manchmal wird auch ein Küchenstuhl zum Lieblingsplatz. (Foto: B. Schellhammer)*

*Kleiderschränke sind wunderbar kuschelige Höhlen in den Augen Ihrer Katze. (Foto: U. Schanz)*

einem Heizkörper, eine Schrankkante mit aufsteigender warmer Luft, vielleicht sogar der Toilettendeckel, wenn die Toilette direkt vor der Heizung steht. Im Sommer zieht es die Katze alternativ auf die kühle Fensterbank, den kühlen oder sonnengewärmten Steinfußboden auf dem Balkon, die Glasplatte auf dem Tisch. Die obere Sessellehne, ein Küchenstuhl oder eine Sofaecke zählen natürlich auch zu den Lieblingsplätzen, vor allem wenn die geliebten Menschen in der Nähe sind.

Wichtig ist es auf jeden Fall, der Katze viele verschiedene Plätze auf unterschiedlichen Raumhöhen anzubieten, beziehungsweise einer Katze die Plätze zu lassen, die sich sich selbst aussucht. Offene Plätze für die Beobachtung des Lebens rundherum oder für ausgiebiges Dösen und Faulenzen. Geschützte Höhlen und Verstecke für die Tiefschlafphasen. Hier bietet sich ein gekauftes Körbchen an, zum Beispiel in eine ruhige Ecke auf oder neben den Schrank gestellt.

## Kastration

Ein verantwortungsbewusster Katzenhalter, wenn er kein Züchter ist, lässt seine Katze unbedingt kastrieren. Und dazu gehören Sie ja schließlich auch, nicht wahr?

Sowohl männliche als auch weibliche Tiere werden immer kastriert und nicht etwa, wie manchmal fälschlicherweise behauptet, sterilisiert. Denn bei der Sterilisation würden die Katzen durch die Durchtrennung der Eileiter beziehungsweise der Samenleiter lediglich unfruchtbar gemacht, ihr Sexualtrieb mit allen Begleiterscheinungen wie Markieren der Wohnung, Schreien, Unruhe und so weiter bliebe bestehen. Bei der Kastration werden die Keimdrüsen, bei der Katze die Eierstöcke, beim Kater die Hoden, operativ entfernt. Dadurch werden auch keinerlei Sexualhormone mehr produziert. Die Katzen haben keinen Sexualtrieb mehr und sie vermissen ihn auch nicht.

Dieses hat, neben tierschützerischen Aspekten vor allem für Sie als Halter von Wohnungskatzen ausschließlich Vorteile und für Ihre Katze übrigens auch.

## Kastration ist gesund und schafft Harmonie

So liegt die Lebenserwartung von kastrierten Tieren mit 15 bis zu 20 Jahren deutlich über der von unkastrierten mit nur sechs bis zehn Jahren. Hodenkrebs und Eierstockkrebs als frühe Todesursache werden ausgeschlossen, Gebärmutter- oder Gesäugetumore kommen so gut wie nicht vor. Nach der Kastration haben Sie ein ruhigeres, ausgeglicheneres, anhänglicheres und meist gesünderes Tier, mit dem das Zusammenleben ein Vergnügen ist.

Wenn Sie also eine junge Katze zu sich nehmen, erkundigen Sie sich bei Ihrem Tierarzt rechtzeitig nach einem geeigneten Kastrationstermin. Falls Sie sich für eine erwachsene Katze entschieden haben und diese noch nicht kastriert ist, lassen Sie Ihre Katze umgehend kastrieren, vor allem, damit sie erst gar nicht in Versuchung kommt, die Wohnung mit Urinspritzern zu markieren. Der scharfe und penetrante Geruch ist kaum wegzubekommen und verleitet die Katze mit ihrer feinen Nase selbst nach der Kastration, den Teppich mit dem Katzenklo zu verwechseln.

# Der Gang zum Tierarzt

Auch eine gepflegte und umsorgte Wohnungskatze sollte einmal jährlich zum Tierarzt für Schutzimpfungen, Wurmkuren und eine Kontrolle des Allgemeinbefindens.

## Selbst Wohnungskatzen können sich infizieren

Impfungen sind auch für reine Wohnungskatzen notwendig Durch unsere Schuhe tragen wir permanent Viren in die Wohnung, einige davon stammen möglicherweise von infizierten Katzen und können unsere Salonlöwen anstecken. Wichtig sind insbesondere Impfungen gegen die meist tödlich endende Katzenseuche und den gefährlichen Katzenschnupfen. Außerdem ist es möglicherweise sinnvoll, Ihre Katze gegen FIP (infektiöse Bauchwassersucht) und FeLV (Leukose) zu impfen. Beraten Sie sich mit dem Tierarzt Ihres Vertrauens über den Impfrhythmus. Er ist auch bestimmt auf dem neuesten Stand der medizinischen Erkenntnisse.

## Würmer, Zähne, Organfunktionen

Würmer kommen ebenfalls mit unseren Schuhen ins Haus, aber auch mit Insekten, die durch das offene Fenster fliegen. Beugen Sie mit regelmäßigen Wurmkuren vor, denn wenn Sie erst einmal Würmer im Kot der Tiere entdecken, sind diese bereits ernsthaft von den Parasiten befallen.

Beim Tierarzt-Check-up werden auch die Zähne begutachtet. Es kann passieren, dass eine Katze Zahnstein, sogar Karies oder Parodontose hat und ein Zahn gezogen werden muss.

Auch ein organisches Problem, zum Beispiel mit den Nieren oder der Leber oder Diabetes, kann durch die Kontrolluntersuchung frühzeitig erkannt und behandelt werden.

Ich empfinde es als sehr beruhigend, wenn ein neutraler Fachmann meine Katzen mindestens einmal jährlich begutachtet, denn schleichende Veränderungen und langsam entstehende Leiden fallen uns medizinischen Laien kaum auf, sosehr wir unsere Tiere auch umsorgen.

## Hier ist Eile geboten

Natürlich erfordert eine Verletzung, eine offene Wunde, Verbrennung oder eine durch Humpeln auffallende Verrenkung einen unverzüglichen Gang zum Tierarzt Ihres Vertrauens oder zum Notdienst.

Ernsthafte Erkrankungen äußern sich oftmals in unterschiedlichsten Anzeichen. Gehen Sie so bald wie möglich zum Tierarzt, wenn Ihre Katze eines oder mehrere der folgenden Anzeichen zeigt:

*Katzen verbergen gerne, dass es ihnen schlecht geht, deshalb sind Alarmzeichen sofort ernst zu nehmen. (Foto: U. Schanz)*

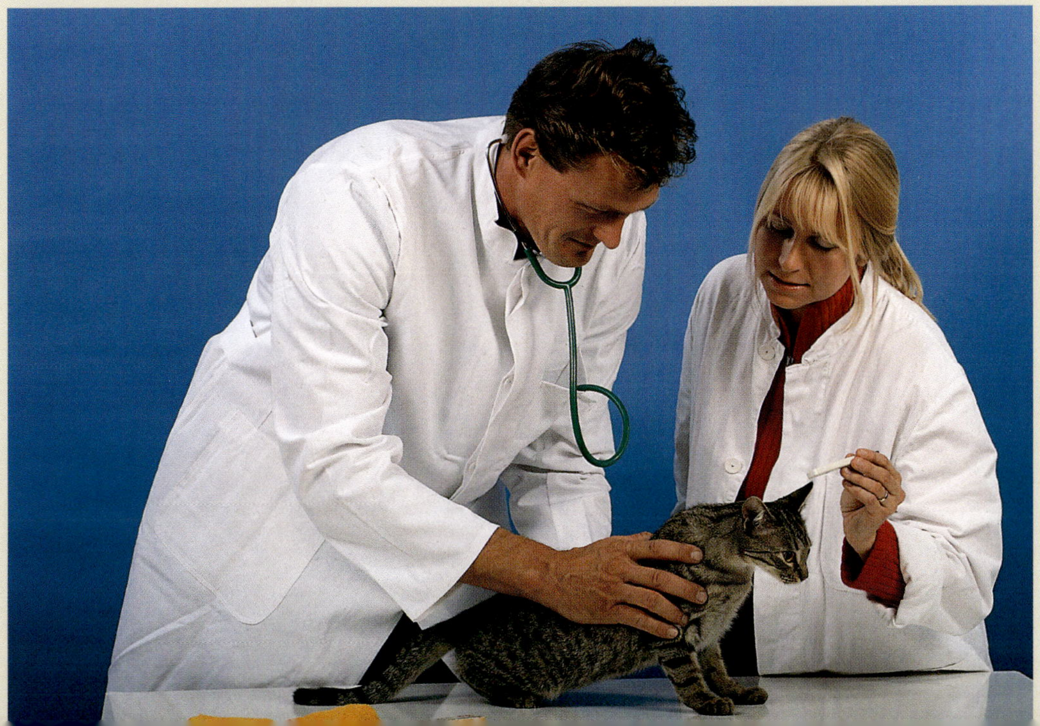

- trübe oder tränende Augen
- Husten, Niesen, laufende Nase
- plötzlich struppiges oder stumpfes Fell
- Futterverweigerung über mehr als 24 Stunden
- plötzliche Mattigkeit bis hin zur Apathie (wenn sie auf einmal nicht mehr auf Rufe, Füttergeräusche oder sonstige typische Aktionsauslöser reagiert)
- Erbrechen (außer dem Auswürgen von Haaren oder dem Erbrechen von zu viel Nahrung)
- Durchfall, der länger als einen Tag andauert
- Speicheln oder wiederholtes Erbrechen von (möglicherweise) blutigem Schaum
- blasse Haut und Schleimhäute
- stark erweiterte Pupillen selbst bei hellem Licht und im Ruhezustand
- Hecheln
- akute Unruhe (dauerhaftes Hin- und Herlaufen, Ablegen und wieder Aufstehen uns so fort)
- Verstopfung (schwieriges Absetzen von sehr hartem Kot)
- Blasenprobleme (häufiges Absetzen weniger Tropfen Urin, möglicherweise auch neben der Katzentoilette)
- erhöhte Flüssigkeitsaufnahme (die Katze trinkt deutlich mehr als gewöhnlich, obwohl sie das gleiche Futter wie zuvor zu sich nimmt)

Alle diese Anzeichen können vielleicht nur Folge einer kurzen Befindlichkeitsstörung, aber auch Hinweis auf eine ernst zu nehmenden Erkrankung sein. Katzen haben in der Natur keine Möglichkeit, sich bei einer Erkrankung krankschreiben zu lassen und Schwäche zu zeigen. Ihr Körper unterdrückt selbst die Symptome einer ernsten Erkrankung so lange wie möglich. Wenn also erst Zeichen einer solchen zu erkennen sind, ist Eile geboten. Die Tatsache, dass Ihre Katze weiterhin schnurrt, gibt keinen Grund zu der Annahme, dass sie sich trotz aller Warnhinweise wohl fühlt. Katzen schnurren auch in Situationen, in denen sie hilflos sind (zum Beispiel Katzenjunge, um die Mutter zur Fürsorge zu animieren), oder um sich selbst zu beruhigen.

Generell gilt: Lieber einmal zu viel zum Tierarzt als einmal zu wenig.

## Transportkorb

Egal wie lieb, schmusig oder schlimmstenfalls krank Ihre Katze ist: Ein Transport auf dem Arm ist niemals möglich. Fremde Geräusche und Angst einflößende Gerüche können Ihre Katze schneller, als Sie denken, in Panik versetzen und dann wird aus dem sanften Schmusetiger schnell ein mit Klauen und Zähnen bewaffnetes Raubtier.

Kaufen Sie eine stabile, leicht zu reinigende und sicher zu verschließende Kunststoffbox, auch Kennel genannt. Sie sollte so groß sein, dass Ihre Katze auch bequem darin liegen kann, und auf jeden Fall rundum Sichtlöcher haben, dass man sie darin gut beobachten kann. Bei einer Box mit Seiteneinstieg empfiehlt sich die Variante mit voneinander trennbarem Ober- und Unterteil, da hier die Katze nicht unbedingt durch den schmalen Einstieg herausgeholt werden muss. Legen Sie für den Transport ein altes Handtuch oder eine dicke Tageszeitung hin die Box.

Die dreieckigen Transportkörbe aus Weide mit rundem Einstiegsloch sind nur als Kuschelhöhle geeignet. Eine Katze ist gegen ihren Willen so gut wie nicht durch die kleine Öffnung zu bekom-

*Aus stabilem Kunststoff, gut einsehbar, schnell und sicher verschließbar – sollte ein optimaler Transportkorb sein. (Foto: U. Schanz)*

men,. Auch aus hygienischer Sicht ist ein solcher Korb nicht zum Transport geeignet, da es Ihrer Katze durchaus passieren kann, dass sie in der Box unsauber ist.

Auch Tragetaschen aus Nylon mit Reißverschluss oder gar Brusttaschen beziehungsweise Rucksäcke, bei denen die Katze den Kopf außerhalb der Tasche hat, sind absolut untauglich. Sie sind instabil, nicht wirklich ausbruchsicher und für einen längeren Aufenthalt, zum Beispiel in der Aufwachphase nach einer Operation, nicht geeignet.

### So wird ein Kennel zum Freund

Wenn Sie die Transportbox nicht ständig, zum Beispiel. als Schlafhöhle, in der Wohnung stehen haben, sollten Sie sie einige Tage vor einem geplanten Tierarztbesuch ganz beiläufig geöffnet in die Wohnung stellen. Üblicherweise verschwindet die Katze dann sofort. Aber nach wenigen Tagen hat sie vergessen, dass die Box gefährlich ist, und wird sich leichter überlisten lassen. Vor allem dann, wenn Sie hin und wieder ein paar Brocken Trockenfutter drin verstecken.

Spätestens an der Wohnungstür oder im Auto wird Ihre Katze anfangen, sich zu beklagen. Vielleicht regt sie sich sogar so auf, dass sie erbricht, hechelt oder in die Box macht. Es hilft dann nicht, beruhigend auf Ihre Katze einzureden, das Wehgeschrei wird nur schlimmer. Decken Sie lieber eine Decke über die Box: Ihre Katze beruhigt sich dadurch schneller und ist obendrein vor Zugluft geschützt.

## Abschied

Auch wenn wir es nicht wahrhaben wollen: Eines Tages kommt der Abschied. Zögern Sie dann nicht, Ihrem Tierarzt Vertrauen zu schenken, wenn er Ihnen sagt, dass eine Verlängerung des Lebens Ihres Lieblings Leiden bedeuten würde. Bleiben Sie in der Stunde des Abschieds bei Ihrer Katze, sprechen Sie beruhigend mit ihr und entlassen sie in eine Welt ohne Schmerzen. Sagen Sie nicht: „Ich kann das nicht ertragen", Ihre Katze hat Ihnen ein Leben lang so viel gegeben, dass sie diesen Ausweg ohne weitere Leiden und mit dem Trost ihres vertrauten Menschen verdient hat.

# Katzenspielzeug

*„Sie ist ganz Spielzeug, und ich habe es längst aufgegeben, Ernsteres von ihr zu erwarten. Es liegt nicht in ihr. Sie ist mir Schauspiel, Augenweide, Zirkusschönheit, im Hoch- und Weitsprung gleich ausgezeichnet, und den Tag über an der Klingelschnur zu Hause."*

Theodor Fontane

## Beute für die Wohnungskatze

Eine Wohnungskatze muss nicht jagen, um zu überleben. Ihre „Mäuse" kommen aus der Dose oder aus dem Beutel. Dennoch sagt der Instinkt auch einem wohlversorgten Stubentiger, dass er jagen muss, um Beute zu machen. Die Katze ist instinktiv angespannt, sobald sie wach ist, damit ihr ja kein Mäuschen entgeht. Irgendwann entlädt sich diese ganze angestaute Spannung in einem großen Energieausbruch: Die Katze bekommt ihre „verrückten fünf Minuten", in denen sie ohne Rücksicht auf das, was ihr in den Weg kommt, durch die Wohnung tobt. Über Tische und Sessel, Schränke und Kratzbäume hinauf und wieder hinunter.

Hier sind Sie gefragt. Bieten Sie Ersatzbeute an. Spielen Sie ausgiebig mit Ihrer Katze. Sonst ist Ihre Katze unausgelastet, oftmals unausgeglichen, gelangweilt und macht ihrem Unmut Luft. Es kann passieren, dass Teile der Einrichtung, der Dekoration oder gar von Ihnen selbst zu Schaden kommen. Sie wird eher übergewichtig und manchmal auch aggressiv.

## Geeignet ist alles

Spielzeug ist alles, was kullert, springt, sich bewegt: Walnüsse, Sektkorken, Tischtennisbälle oder ein Bogen Zeitungspapier auf dem Boden, Fellmäuse, Bällchen, „Katzenangeln", Hängespielzeug für den Türrahmen oder Kratzbaum und Labyrinthe mit beweglichen, „gefangenen" Bällen. Entfernen Sie bitte Teile aus Plastik oder Metall, damit Ihre Katze diese nicht verschluckt und sich daran verletzt.

Wenn Sie das nächste Mal eine leichte Hose ausrangieren, trennen Sie ein Hosenbein ab und schneiden Sie es vom Knie an abwärts in schmale Streifen, die Ihre Katze jagen und zerfetzen kann, während Sie am anderen Ende sanft dage-

*Auf der Jagd nach einer unsichtbaren Beute wird auch mal mit einer Decke „gekämpft".*
*(Foto: U. Schanz)*

*Papier, das sich bewegt und raschelt, wenn man es anstupst, weckt sofort den Jagdtrieb. (Foto: U. Schanz)*

genziehen. Auch lange Papierstreifen eignen sich hierzu hervorragend.

Alte Socken lassen sich mit Katzenminze oder Cat-Nip füllen und zusammenknoten. Papiertüten, mit abgeschnittenen Henkeln, damit die Katze sich nicht darin verheddert, sind ebenfalls ein tolles Spielzeug. Stellen Sie eine Tüte in den Raum, werfen Sie ein Spielzeug hinein. Ihre Katze wird hinterher springen und die Tüte mit viel Vergnügen zerfetzen.

Ihrer Kreativität sind keine Grenzen gesetzt, probieren Sie einfach aus, was Ihre Katze am liebsten mag.

## Sicherheit geht vor

Einige Katzen entwickeln seltsame Vorlieben und fangen an, Gummibänder, Aluminiumfolie und Ähnliches anzuknabbern oder sogar aufzufressen. Solche Spielsachen müssen Sie natürlich umgehend aus dem Verkehr ziehen.

Ist Ihre Katze der schüchterne Typ? Dann ist laute Beute sicherlich nicht geeignet. Ein rechter Draufgänger wird dagegen erst richtig warm, wenn das Objekt der Begierde klingelt, fiept oder raschelt. Wenn es möglich ist, greifen Sie zu ungefärbtem Spielzeug. Ihrer Katze ist es völlig egal, ob eine

*Auch ein Kugelschreiber, eine Tomate oder ein Blatt kann als Beute erlegt und weggetragen werden. (Foto: Chr. Pinnekamp)*

Spielmaus bunt ist. Dafür enthält dieses Spielzeug leider meist mit der hübschen Farbe eine Menge wenig schöne Chemie, die die Katze aufnimmt, wenn sie ihre Beute zerreißt, zerfetzt und ableckt.

## Richtig spielen

Werfen Sie Spielzeug vorsichtig und natürlich niemals direkt auf Ihre Katze oder schießen Sie sie über den Boden. Eine Katzenangel kann man aus einem Zweig und einer langen Kordel selbst herstellen. Knoten Sie das Ende dieser Kordel zu einem dicken Knubbel zusammen oder binden Sie Stofffetzen oder Papierstreifen daran fest. Sie können dann ganz bequem sitzen bleiben und Ihre Katze das interessante Ende jagen lassen.

Lassen Sie vor allem immer nur wenige Spielzeuge liegen, packen Sie den Rest weg und tauschen Sie die Sachen nach einigen Tagen aus. Sonst findet Ihre Katze sie schnell langweilig Haben Sie Hängespielzeug für den Türrahmen? Lassen Sie es von einem Rahmen zum nächsten wandern. Ihre Katze findet das spannend.

Wenn Sie zufällig an einem herumliegenden Spielzeug vorbeikommen, schießen Sie es ein paar Meter weiter, selbst wenn keine Katze in der Nähe ist. Vielleicht hört sie das Geräusch und begibt sich auf die interessante Suche nach der Beute.

Führen Sie, wenn irgend möglich, regelmäßige Spielzeiten pro Tag ein. Verschaffen Sie Ihrer Katze Bewegung, indem Sie sie hinter dem Spielzeug herlaufen lassen. Stellen Sie ihr aber bitte auch kniffelige Zuschnappaufgaben, indem Sie Kordeln unter dem Teppich oder dem Sofa herziehen.

Auch mit einem Laserpointer kann man Katzen, vor allem solche mit viel Energie und Bewegungsdrang, prima beschäftigen. Der kleine rote Lichtpunkt wird von den meisten mit Begeisterung gejagt. Leuchten Sie Ihrer Katze aber niemals in die Augen, damit die Netzhaut keine Schäden nimmt. Da der kleine Lichtfleck zwar eingeholt, aber nie gefangen werden kann, nutzen Sie ihn bitte nur, um der Katze am Anfang der Spielzeit Bewegung zu verschaffen. Nach kurzer Zeit tauschen Sie ihn gegen ein echtes, also fangbares Spielzeug aus, damit die Katze etwas in die Pfoten bekommt.

## Bitte keinen Frust

Ärgern Sie Ihre Katze nie mit ihrem Spielzeug. Die Ersatzbeute muss am Ende immer gefangen werden können. Die Maus an der Angel, die auf ewig außer Reichweite bleibt, bringt weder Vergnügen noch Entspannung, sondern nur Frust.

Wenn die Katze kein Interesse mehr an dem Spiel zeigt, ist es an der Zeit, das Spielzeug bis zur nächsten Spieleinheit wegzuräumen.

Brechen Sie auch nie eine Spieleinheit mitten in der schönsten Toberei ab. Ihre Katze wäre verwirrt und enttäuscht, dass sie ihre Spannung und Energie nicht geeignet umsetzen kann. Wenn Sie also nur wenig Zeit haben, verschieben Sie die Spielstunde auf einen späteren Zeitpunkt.

## Jagdbeute für den Magen

Trockenfutter eignet sich gut als Spielzeug. Es kann geworfen oder auf einem Kletterbaum deponiert werden, dann fängt Ihre Katze eine Beute, die sie auch fressen kann. Es lässt sich auch ausgezeichnet in kleineren Schachteln oder hohlen Bällen (zum Beispiel einem alten Tennisball mit einem ausreichend großen Loch für die Pfote) deponieren. Denken Sie aber bitte daran, diese Beute von der nächsten Futterration abzuziehen.

# Unterhaltung
## für die Wohnungskatze

*„Mit allem spielt sie; mit allem, was beweglich ist, führt sie Krieg, an allem nimmt sie Anteil und erobert eine große, reiche Merkwelt."*

Theodor Lessing

Eine Katze, die sich nur im begrenzten Raum Ihrer Wohnung aufhält, benötigt Unterhaltung. Draußen würde sie regelmäßig ihr Revier abgehen, Duftmarken erneuern, Mauselöcher überprüfen, Artgenossen begrüßen oder verscheuchen. Als Wohnungskatze werden ihr alle diese Mög-

*Katzen entgeht keine Veränderung in ihrer Umgebung, und sie müssen alles sofort überprüfen. (Foto: Chr. Pinnekamp)*

lichkeiten genommen und es muss ein adäquater Ersatz geschaffen werden, damit Ihre Katze nicht gelangweilt, depressiv oder aggressiv wird.

## Der regelmäßige Kontrollgang

Ihre Katze verbringt einen großen Teil ihrer aktiven, also wachen Zeit damit, die Wohnung zu durchstreifen und überall nach dem Rechten zu sehen. Sie wandert ihre Lieblingsplätze ab, erneuert ihre Duftmarkierungen durch ausgiebiges Reiben von Kopf und Körper an den entsprechenden Stellen. So genannte Pheromone aus den Duftdrüsen werden hier verteilt. Daher kommen dann übrigens die vielen, leicht schmierigen schwarzen Flecken an Ihren Stuhlbeinen oder Türrahmen. Wischen Sie bei Ihrem nächsten Hausputz nicht alle diese Flecken weg, denn Sie nehmen Ihrer Katze damit viel Vertrautheit mit der Wohnung.

Überdies begutachtet sie alle möglichen Verstecke und interessanten Plätze in der Wohnung. Ist heute vielleicht doch zufällig ein Mäuschen unter dem Sofa? Kann ich die Wollmaus unter dem Schrank angeln, wenn ich mich nur dünn genug mache? Sind heute endlich irgendwelche Schmetterlinge oder Fliegen in den Pflanzen auf der Fensterbank? Schade, nein, aber hin und wieder nachschauen kostet ja nichts. Also nachher noch mal. Ein Blick aus jedem Fenster, ob vielleicht heute statt der Menschen einmal Eichhörnchen oder Kaninchen über die Straße laufen? Zeitungsstapel umsortieren, das Kopfkissen „gerade“ rücken, vielleicht sogar die Welt hinter der Spiegelscheibe kontrollieren. Ein Karton im Flur, ein Einkaufskorb an ungewohnter Stelle, ein vergessen herumstehender Wäschekorb müssen genau untersucht werden.

## Ecken, Ritzen und Löcher

Sie sehen, Ihre Katze hat eine Menge zu tun. Jedenfalls dann, wenn Sie ihr genügend Möglichkeiten geben. Klar, dass Möbel auf Füßen mehr Möglichkeiten bieten als die, die dicht auf dem Fußboden stehen. Fensterbänke mit einigen stabilen Blumentöpfen sind interessanter als kahle Marmorflächen. Schränke in unterschiedlichen

Höhen mit begehbaren Oberseiten und katzengeeigneter, also umwerfbarer Dekoration machen viel mehr Spaß als eine deckenhohe Schrankwand mit unerreichbarem oberem Abschlusskranz.

Teppiche, Läufer und Matten animieren zum Darunterschauen und sind attraktiver als einheitliche Flächen aus Keramik, Holz, Laminat oder Auslegware.

Je mehr solche Möglichkeiten Sie Ihrer Katze geben, desto mehr Abwechslung hat sie. Und desto wohler fühlt sie sich bei Ihnen. Räumen Sie also bitte auch nicht alles immer sofort auf, für Ihre Katze ist alles von Interesse, was anders ist als sonst.

Kleine Geschenke erhalten die Freundschaft – auch die Ihrer Katze. Sie freut sich über jede Kleinigkeit, die Sie ihr ins Haus bringen, kommen doch so aufregende Düfte und spannende Möglichkeiten in den Katzenalltag.

## Kartons sind Multitalente

Kartons sind immer willkommen, egal ob große Obst- und Gemüsekisten oder kleine Schachteln. Kaum ein Karton ist zu klein, um nicht wenigstens probeweise in ein Katzenbett verwandelt zu werden. Legen Sie den Karton zusätzlich mit einigen Lagen Einwickelpapier aus und werfen Sie ein Mäuschen oder ein anderes Spielzeug hinein, werden Sie erleben,

*Eine simple Pappschachtel kann einer Katze für Stunden Freude bereiten. (Foto: Chr. Pinnekamp)*

wie viel Freude Ihr Raubtier beim Erlegen der Beute und gleichzeitigen Zerfetzen des Papiers hat.

## Düfte aus der Natur

Auch von einem Spaziergang lassen sich allerhand Dinge mitbringen, die Ihrer Katze zumindest kurzfristig viel Freude bereiten. Ein frisches Grasbüschel, Federn, Gänseblümchen, etwas Farnkraut, ein Rindenstück oder auch ein kleiner Zweig aus dem Wald duftet unwiderstehlich und viel aufregender als alles, was gerade in der Wohnung zu finden ist. Sammeln Sie im Herbst Kastanien, Haselnüsse oder Eicheln. So haben Sie einen kostenlosen und aufregenden Spielzeugvorrat. Alles, was neu ist und von draußen kommt, wird von Ihrer Katze begrüßt.

Diese Mitbringsel haben zusätzlich den Vorteil, dass Ihre Katze hin und wieder mit fremden Gerüchen konfrontiert wird. So erweitert sie ganz nebenbei ihren Erfahrungshorizont und lässt sich nicht mehr so leicht aus der Fassung bringen, wenn plötzlich Neuerungen in ihrem Leben auftauchen.

## Katzenkino

Sie können aber noch viel mehr für Ihre Katze tun, indem Sie ihr ein Katzenkino anbieten. Die einfachste Variante ist ein Blick in den Hof oder den Garten. Wenn Sie Eichhörnchen in der Nähe haben, werfen Sie hin und wieder ein Paar Nüsse hin. Ihre Katze kann sich mit der Beobachtung eines so aufregenden Ortes ganze Stunden vertreiben. Von Langeweile keine Spur.

Auch ein Aquarium in der Wohnung ist ein richtiges Katzenkino. Es muss natürlich gut abgedeckt sein, sonst angelt sich Ihre Katze ihr Abendessen in Zukunft selbst. Und es muss rundum für alle Katzen genügend Platz für einen kurzweiligen Beobachtungsposten haben.

# Freiraum

*„Katzen sitzen immer an der falschen Seite einer Tür. Lässt man sie raus, wollen sie rein – lässt man sie rein, wollen sie raus.“*

Yolanda

## Alles ausbruchsicher

Einen Balkon können Sie mit einem Katzennetz ausbruchsicher gestalten (siehe Seite 23) Ist Ihre Katze älter oder von besonders ruhiger Natur, reicht vielleicht sogar ein halb hohes Netz.

*So kommt eine Katze nach draußen: über eine selbst gebaute Schleuse, oder eine Katzenklappe. (Fotos: Chr. Pinnekamp, U. Schanz)*

Eine Terrasse haben Sie vielleicht sowieso mit einem stabilen hölzernen Schutz gegen Einblick und Lärm ausgestattet. Um diesen gegen Überklettern zu schützen, können Sie nach oben, nach innen eingewinkelt, einen etwa 30 Zentimeter breiten Streifen Katzennetz anbringen. Haben Sie hingegen eine offene Terrasse und möchten darauf auch nicht verzichten, bietet sich ein halb hohes Zäunchen aus Holz oder Metall mit einer zusätzlichen Sicherung durch einen Elektrozaun (Kuh- oder Weidezaun, Erdung nicht vergessen!) oder einen im Zoohandel erhältlichen Petfence an.

Wohnen Sie im Erdgeschoss und haben die Möglichkeit, über ein wenige Quadratmeter großes Stück Garten oder Hof zu verfügen, können Sie Ihrer Katze vielleicht sogar ein Freigehege (ähnlich einer Vogelvoliere) vor ein Fenster bauen.

## Wie kommt die Katze in die Freiheit?

Die für Sie unbequemste Möglichkeit ist es, den Türöffner für Ihre Katze zu spielen. In der wärmeren Jahreszeit können Sie die Balkon- oder Terrassentür oder das entsprechende Fenster, mit Feststellern gesichert, möglicherweise geöffnet lassen. Eine weitere Möglichkeit ist der Einbau einer Katzenklappe. Dies ist allerdings nur dann wirklich praktikabel, wenn Sie eine geteilte Tür mit Holz- oder Kunststoffverkleidung im unteren Bereich haben oder eine Tür ohne Isolierverglasung. Bei einer komplett aus Isolierglas bestehenden Tür ist der Einbau einer solchen Klappe sehr aufwendig und teuer.

Einfacher und auch besser wieder zu entfernen ist dann ein mit Winkeln senkrecht an der Wand angebrachtes und zur Tür gepolstertes Brett von 15 bis 20 Zentimeter Breite, das auch etwa 20 Zentimeter über dem Fußboden endet. Wenn Sie die Tür schließen wollen, kommen Sie nur bis zu diesem Brett. Bringen Sie oben noch einen zur Seite drehbaren und gepolsterten Winkel an, den Sie im „geschlossenen" Zustand sichernd vor die Tür drehen können. So kann Ihre Katze in die kleine Freiheit, ohne dass Sie ständig parat stehen müssen. Auch ein Fenster zum Freigehege lässt sich so sichern. Wenn Sie das Brett mit Scharnieren schwenkbar machen, können Sie Terrassen-, Balkon- oder Fenstertür wieder fest verschließen, wenn Sie die Wohnung verlassen oder die Katze nicht ohne Aufsicht hinaus soll.

*Hier ist der Beweis, warum Freisitze für Katzen ausbruchsicher gebaut sein sollten. (Foto: Chr. Pinnekamp)*

## Einrichtung

Klar, dass ein Freisitz Ihrer Katze erst dann richtig Spaß macht, wenn er ihren Bedürfnissen entsprechend eingerichtet ist.

Ein stabiler, hoher Kletterbaum mit mehreren Plattformen, einige Liegeflächen, vielleicht eine auf einen Tisch oder einen stabilen Fuß gestellte Höhle. Dazu Blumenkübel mit allerlei Kräutern und Schatten spendenden größeren Pflanzen. Wenn Sie keine richtige Wiese als Gehegeboden haben, denken Sie an mindestens eine Wanne mit Gras und stellen Sie eine interessante Wasserquelle auf. Außerdem freut sich Ihre Katze, wenn Sie eine kleine Fläche mit Steinen (zum Beispiel dicht aneinander gelegte Tonziegel oder ein größeres Stück Sandstein oder Schiefer) auslegen, damit sie sich hier so richtig schön in der warmen Sonne wälzen kann.

Um das Glück Ihrer Katze dann perfekt zu machen, organisieren Sie irgendwo ein Stück Baumstamm von mindestens 1 Meter Länge. Legen Sie ihn, gegen Wegrollen gesichert, auf den Boden oder befestigen Sie ihn stabil an der Wand oder in einer Ecke des Geheges. Ihre Katze hat einen echten Baum zum Kratzen und wird dies weidlich nutzen.

*Familie Manhart in Mühlenbeck hat ihrer Katze inzwischen vier Freigehege im großen Garten verteilt, verbunden durch dicke Plastiktunnel, die halb in den Boden eingelassen sind. (Fotos: Manhart)*

# Fellpflege, Zähne und Krallen

Fellpflege fängt bei der Ernährung an. Fertigfutter für Katzen ist so zusammengesetzt, dass eine Katze alles bekommt, was sie für ihre Gesundheit und somit auch für ein schönes Fell benötigt. Den Rest erledigt die Katze im Allgemeinen mit viel Geduld und ihrer rauen Zunge selbst. Wohnungskatzen können, ebenso wie wir bedingt durch die meist zu trockene Raumluft, manchmal zu trockener und schuppender Haut neigen. Hier können Sie Linderung verschaffen, indem Sie täglich einige Tropfen Weizenkeimöl oder einige Bierhefeflocken unter das Futter mischen.

## Pflege ist nur in Ausnahmen notwendig

Ansonsten benötigen Katzen mit kurzen oder halblangen Haaren eigentlich keine besondere Fellpflege. Dennoch ist regelmäßiges, sanftes Kämmen oder Bürsten meist ein wunderbar beruhigendes Ritual für Mensch und Katze.

Etwas schwieriger wird es bei Katzen mit langen Haaren, die zum Verfilzen neigen, oder Katzen, die, da sie schon alt und ungelenkig oder zu dick sind, vor allem die schnell verklebenden Regionen rund um den Po nicht mehr selbst putzen können. Hier hilft, wenn es erst so weit gekommen ist, nur noch die Schere. Holen Sie jemanden zu Hilfe, der vorsichtig die betroffenen Haarstellen herausschneidet, während Sie die Katze gut festhalten und ihr freundlich zureden. Vermeiden lassen sich solch drastische Maßnahmen nur, wenn Sie sich um regelmäßige Fellpflege kümmern.

*Die Katzenzunge ist auch ein perfektes Reinigungs-Werkzeug (Foto: Chr. Pinnekamp)*

## Utensilien

Für langhaarige Katzen eignen sich eher Bürsten mit stumpfen Drahtborsten und breitzinkige Kämme.

Am duldsamsten wird Ihre Katze sein, wenn Sie vorher ausgiebig mit ihr gespielt haben. Sie ist dann ruhig, entspannt und vielleicht ein wenig müde und wird Kamm und Bürste eher dulden, als wenn ihr eigentlich nach toben zu Mute ist.

Beginnen Sie vorsichtig. Locken Sie sie auf Ihren Schoß oder den Teppich und streicheln und kraulen sie zunächst. Fangen Sie dann an, die Streichelbewegungen mit Bürste, Kamm oder dem Pflegehandschuh zu wiederholen. Wenn die Katze unruhig, unwillig oder gar aggressiv wird, machen Sie eine Pause. Kraulen Sie weiter, beschwichtigen Sie vielleicht mit ein wenig Trockenfutter oder ausnahmsweise einem Leckerchen. Wiederholen Sie dann die Prozedur, möglicherweise mit anderem Werkzeug und auf jeden Fall noch sanfter.

Meist gewöhnen sich Katzen bald daran, genießen es regelrecht, wenn sie kräftig abgebürstet und durchgeschubbert werden. Vor allem, wenn am Ende immer eine besondere Belohnung wartet.

Mit Kamm und Bürste bitte immer nur mit dem Strich arbeiten, sonst bürsten Sie mehr Knötchen hinein als heraus, es fängt an zu ziepen und tut weh. Das nächste Mal wird Ihre Katze lieber unter dem Sofa übernachten, als erneut diese Folterwerkzeuge an sich heranzulassen. Haben Sie Knoten im Fell entdeckt, halten Sie die entsprechende Stelle am Haaransatz fest und kämmen vorsichtig mit einem grobzinkigen Kamm weiter, bis der Knoten gelöst ist, ebenso wie Sie es bei sich selbst machen würden.

Die feine Unterwolle von Kurzhaarkatzen lässt sich prima mit einem feinzinkigen Kunststoffkamm entfernen, lose Haare haften an einem feuchten Ledertuch oder feuchten Händen.

## Baden

Die allermeisten Katzen sind wasserscheu und wehren sich ernsthaft, wenn man sie in das nasse Element bringen möchte.

Ein zwingender Grund dafür ist eine Verunreinigung mit giftigen Stoffen, etwa Reiniger, Farbe oder synthetisches Öl. Dann ist sogar Eile geboten! Holen Sie sich auf jeden Fall Hilfe – und Handschuhe –, shampoonieren Sie die Katze mit einem milden Shampoo und waschen es mit handwarmem Wasser sorgfältig wieder aus.

Anschließend muss die Katze gut abgetrokknet werden. Vielleicht lässt sie sich einen leisen, angenehm warmen Föhn gefallen. Sonst bieten Sie ihr ein Plätzchen unter Rotlicht oder auf der Heizung an, damit sie sich nicht auch noch erkältet. Und wundern Sie sich nicht, wenn sie anschließend tagelang beleidigt ist.

## Zähne

Trockenfutter übernimmt einen großen Teil der Zahnpflege. Durch das Knabbern entfernt es einen großen Teil der Beläge und beugt so Zahnstein vor.

*Etwas Trockenfutter täglich ist gut für die Zahnpflege. (Foto: U. Schanz)*

## Krallen

Vor allem Katzensenioren haben hin und wieder Probleme mit der Maniküre. Sie merken es daran, dass die Katze häufig mit den Krallen hängen bleibt, etwa im Teppich oder im Sofa. Dann ist es sinnvoll, die Krallen mit einer speziellen Nagelschere vorsichtig und ganz ohne Schmerzen für Ihre Katze zu kürzen. Lassen Sie sich diese Pflegemaßnahme von Ihrem Tierarzt zeigen, damit Sie nicht zu viel wegschneiden und der Katze wehtun.

# Menschenverhalten für Wohnungskatzen

*„Keine Katze ist falsch. Es gibt wenige Tiere, in deren Gesicht der Kundige so eindeutig die augenblickliche Stimmung lesen könnte wie in dem der Katze."*

Konrad Lorenz

## Kommunikationsirrtümer

Wenn wir mit Artgenossen kommunizieren, tun wir das mit Worten und Gesten und wissen aus lebenslanger Erfahrung, was wie gemeint ist. Katzen können sich nicht in Worte fassen, „Kommunikatzion" funktioniert ausschließlich über Mimik und Gestik, wenn man von abwehrendem Fauchen zur Abschreckung von Gegnern absieht. Leider haben wir diese Katzensprache bislang nicht gelernt und ziehen aus dem Verhalten, da es unseren Erfahrungen oft völlig widerspricht, häufig Fehlschlüsse.

So ist ein zuckender, peitschender Schwanz nicht etwa, wie bei Hunden, ein Zeichen der Freude, sondern der äußersten Erregung, etwa weil die Katze sich auf eine mögliche Beute wie ein Spielzeug oder auch Ihren wippenden Fuß konzentriert oder sich unter Druck gesetzt fühlt. Wenn Sie nun auf sie zugehen, kann es zum Angriff kommen. Das hat nichts mit Aggressivität zu tun. Lassen Sie sie in solch einem Moment lieber in Ruhe, gehen Sie ihr aus dem Weg oder spielen Sie mit ihr, bis die Erregung abgeklungen ist.

Liegt Ihre Katze auf dem Rücken, alle viere in die Luft gestreckt, und döst vor sich hin, lädt der Bauch unweigerlich zum Kraulen ein. Doch gerade diese Rückenlage signalisiert auch Alarmbereitschaft. Ihre Krallen sind vorsichtshalber einem möglichen Angreifer entgegengereckt. Wenn Sie nun nicht widerstehen können und in das weiche Fell greifen, haben Sie sicher bald die Krallen im Arm. Sagen Sie jetzt bitte nicht, Ihre Katze hätte Sie nicht gewarnt.

Ihre Katze mag es auch nicht, unverblümt angestarrt zu werden. Je aufdringlicher Sie sie ansehen, desto mehr wird sie sich zurückziehen, da sie sich von Ihnen bedroht fühlt. Zwinkern Sie ihr lieber zu, kneifen Sie langsam beide Augen zu. Wenn Ihre Katze sich wohl fühlt, wird sie zurückzwinkern und Sie wissen, dass alles gut ist.

Wenn Ihre Katze etwas angestellt hat, was Ihnen nicht gefällt, werden Sie möglicherweise mit ihr schimpfen, selbst dann, wenn die Untat erst viel später entdeckt wurde. Vergebene Mühe, denn Ihre Katze kann den Zusammenhang zwischen dem zurückliegenden Ereignis und Ihrer Reaktion nicht herstellen. Sie werden bestenfalls auf Unverständnis stoßen und schlimmstenfalls erreichen, dass Ihre Katze irritiert und verschreckt ist und sich noch ungebührlicher verhält. Vergessen Sie alte „gute“ Ratschläge, die zum Beispiel empfehlen, eine unsaubere Katze mit der Nase in die gefundene Pfütze zu drücken und kräftig auszuschimpfen. Das ist so ziemlich das Dümmste, was sie tun können.Die Liste weiterer Beispiele ist lang und würde ein eigenes Buch füllen.

*Gut gemeint, aber die Katze empfindet einen fremden Menschen, der sie hält und ihr direkt in die Augen schaut, nur als Bedrohung. (Foto: U. Schanz)*

## Zwiegespräche

Im Allgemeinen lieben Katzen eine gepflegte Unterhaltung. Es gibt richtige Quasselstrippen, die Ihnen in einer Vielzahl unterschiedlicher Maunzlaute berichten, was sie während Ihrer Abwesenheit erlebt haben,sich über Langeweile oder den feuchten Balkonfußboden beschweren. Katzen benutzen diese Laute nur, um mit Menschen zu sprechen, untereinander geben sie höchstens mal ein prustendes „Brrp“ oder ein leises „Meck“ von sich. Antworten Sie Ihrer Katze ruhig, sie wird sich sehr über diese Aufmerksamkeit freuen.

Sie freut sich auch, wenn sie etwas erzählt bekommt. Egal ob Sie erklären, was Sie gerade in den Kochtopf schmeißen, oder über Ihre Arbeit berichten, Ihrer Katze kommt es nur auf den aufmerksamen, liebevollen Tonfall an. Am liebsten hat sie es, wenn Sie mit leiser, freundlicher und nicht zu tiefer Stimme mit ihr reden. Heben Sie Ihre Stimme doch ein klein wenig an, und Ihre Katze wird glücklich sein, egal ob Sie Mann oder Frau sind.

## Bewegung

Je lauter Sie sich bewegen, je ausladender und hektischer Ihre Gesten sind, umso mehr wird Ihre Katze sich vor Ihnen in Sicherheit bringen. Bewegen Sie sich leise und rücksichtsvoll und schon fühlt Ihre Katze sich wieder wohl. Fassen Sie sie bitte auch nicht überraschend an oder heben sie gar unangekündigt hoch. Ihre Katze wird sich erschrecken und sofort die Krallen ausfahren. Sprechen Sie sie kurz an, damit sie sich auf das Kommende einstellen kann.

Trotz aller Vorsicht wird es Ihnen hin und wieder passieren, dass Sie Ihre Katze ungewollt treten, weil sie Ihnen wieselflink vor die Füße läuft. Und dann wird sie recht beleidigt oder gar verschreckt sein, denn sie kann überhaupt nicht einsehen, womit sie eine solche Behandlung verdient hat. Je nach Temperament der Katze sollte Ihre Reaktion aus freundlichen, entschuldigenden Worten, ausführlichen Streicheleinheiten und einer tröstenden Knabberei bestehen. Oder Respekt vor dem vorübergehenden Rückzug der Katze bis sie sicher ist, dass die Luft wieder rein ist.

## Schonung für das Katzenohr

Der Hörbereich einer Katze reicht bis zu einer Frequenz von 65.000 Hertz, also weit in den Ultraschallbereich hinein, ihre Ohren sind somit dreimal empfindlicher als unsere. Hier haben Sie die Erklärung dafür, dass Ihre völlig entspannte Katze inmitten himmlischer Ruhe plötzlich aufschreckt, mit weit aufgerissenen Augen in eine bestimmte Richtung starrt und sich minutenlang nicht ablenken lässt, sich vielleicht sogar auf die Suche nach diesem „Gespenst“ begibt. Sie hat etwas gehört, was Sie nur mit sensiblen Messgeräten wahrnehmen könnten.

Klar, dass sie Reißaus nimmt, wenn Fernseher oder Stereoanlage auf „volle Pulle“ gestellt werden. Falls Ihre Katze trotzdem im größten Lärm den Schlaf der Gerechten schläft, zeigt das, dass sie sich in der Wohnung trotz der Geräuschkulisse absolut sicher fühlt.

*Bei allen Geräuschquellen bevorzugen Katzen leise und sanfte Töne. (Foto: U. Schanz)*

Schalten Sie alle Elektrogeräte aus, wenn Sie sie nicht einsetzen. Also nicht nur auf Stand-by, sondern richtig aus. Auch im Stand-by – geben die meisten Geräte noch Geräusche im Ultraschallbereich ab, die die Ohren Ihrer Katze malträtieren. Nicht selten findet sich hierin die Erklärung für nächtliche Hyperaktivität.

## Schmusestunde

Manche Katzen sind richtige Schmusetiger. Sie ziehen auf dem Schoß ihres Menschen ein und sind dort kaum wieder wegzubekommen. Solch eine Katze wird nicht nur gerne gestreichelt, sondern lässt sich mit Begeisterung kraulen, schub-

*Genussvolles Bauchkraulen kann manchmal in wildes Festhalten und Kratzen umspringen, weil die Katze kitzlig ist. (Foto: U. Schanz)*

bern, massieren oder geradezu durchkneten, auch mal gegen den Strich.

Andere denken leider nicht im Traum daran, auf den Schoß zu kommen, selbst wenn dieser unter einer Decke versteckt ist. Hebt man sie hoch, werden sie sich sanft, aber bestimmt dem Zugriff entwinden. Stattdessen setzen sie sich fordernd vor ihren Menschen auf den Tisch oder den Fußboden und holen sich dort ihre Streicheleinheiten ab, die möglicherweise genauso intensiv ausfallen können wie bei einer echten Schoßkatze.

Wieder andere Katzen mögen es zwar, sanft vom Kopf zum Schwanzansatz gestreichelt oder zwischen den Ohren oder unterm Kinn gekrault zu werden, aber mehr Nähe ist ihnen zuwider.

Finden Sie vorsichtig heraus, zu welchem Typ Ihre Katze gehört, und gehen Sie darauf ein. Wenn sie nicht mag, hilft auch kein „Zwangskraulen", und was nicht ist, kann ja noch werden.

## Kratzer und Bisse

Lernt eine Katze erst einmal, wie amüsant das Spielen mit menschlichen Fingern oder Zehen sein kann, wird sie gerne zugreifen, wenn die Beute sich bewegt, also nicht nur bei gewolltem Spiel, sondern auch bei unbedachten Bewegungen wie dem Zehenwackeln unter der Bettdecke. Vor allem Katzenkinder reagieren sehr gut auf menschliche Beute. Da hilft nur das Einstellen der Bewegungen, energisches Wegschieben und ein ausreichendes Angebot an anderem Spielzeug.

Auch gegen Bedrohungen wehrt sich eine Katze mit Zähnen und Klauen. Und als Bedrohung kann Ihre Katze schon ungewolltes oder überraschendes Hochheben oder Festhalten ansehen. Manchmal lässt sich solches Festhalten allerdings nicht vermeiden, etwa wenn die Katze Medizin nehmen oder in den verhassten Transportkorb verfrachtet werden muss. Hier hilft nur beherztes Zupacken und Festhalten im Nackengriff. Wenn Sie dann Kratzer oder gar Bisse abbekommen, liegt dieses ausschließlich am panischen Schrecken Ihrer Katze.

Vorbeugend sollten Sie immer ein jodhaltiges Desinfektionsmittel aus der Apotheke im Haus haben, mit dem Sie Ihre kleineren Verletzungen behandeln können. Gerade Katzenbisse können sich schnell entzünden (Tetanusschutz!).

# Erzieherische Maßnahmen

*„Einen Hund kann man sich halten, aber die Katze, die hält sich Menschen, weil sie findet, dass ihre Leute recht nützliche Haustiere sind."*

George Mikes

## Erziehung in Maßen ist möglich

Soll Ihre Katze etwas nicht tun, nehmen Sie sie ruhig weg, sagen Sie laut und deutlich „Nein" und bringen sie an einen erlaubten Platz. Dies funktioniert natürlich nicht beim ersten Versuch, es schadet auch nichts, wenn Sie mit lautem Händeklat-

*Eine Katze kann sehr wohl lernen, dass sie auf dem Tisch nichts zu suchen hat …*

schen, dem Strahl aus einer Wasserpistole oder einem in die direkte Nähe (aber niemals auf die Katze) geworfenen klimpernden Gegenstand wie einem Schlüsselbund das siebte oder achte „Nein" unterstreichen. Anschreien, hinterherlaufen oder gar schlagen (was Sie niemals, wirklich niemals tun dürfen) bringt dagegen keinen Fortschritt. Und es hilft nur Konsequenz. Durfte die Katze nur ein einziges Mal in Ihrem Beisein zum Beispiel an der Sessellehne kratzen, wurde ihr vornehmes Betteln bei Tisch nur ein einziges Mal mit einem Häppchen belohnt, dann haben Sie schon fast verloren. Überlegen Sie also gut, was Sie ihr verbieten möchten und wie viel Disziplin Ihnen das wert ist.

## Nicht alles durchgehen lassen

Wenn Ihre Katze ausschließlich das Futter verweigert, weil sie eigentlich das teure Patè aus dem Aluschälchen bevorzugt, und sie ansonsten kerngesund wirkt, schadet es nicht, sie einmal einen Tag hungern zu lassen. Auch die Unart, morgens um sieben oder gar um sechs Uhr auf der Bettdecke zu randalieren, um endlich Frühstück zu bekommen, haben wir ihr beigebracht. Die Katze hat gelernt, dass wir aufstehen und füttern, sobald sie uns nur genug auf die Nerven geht. Es schadet keiner Katze, Futter zu einer von Ihnen bestimmten Zeit zu

*... in Ihrer Abwesenheit wird sie trotzdem an verbotenen Plätzen unterwegs sein. (Foto: U. Schanz)*

bekommen, sosehr sie auch einen präzisen, wohlgeordneten Tagesablauf liebt. Haben Sie je von einer Maus gehört, die pünktlich in ein geöffnetes Katzenmaul springt, nur weil die Katze Theater macht? Nein, die Draußenkatze muss solange hungern, bis das Jagdglück ihr hold war.

## Lernen von der Katzenmutter

Schieben Sie die Katze weg. Wenn das nicht ausreichen sollte, pusten Sie sie an. Katzenmütter erziehen auf diese Art ihre Jungen. Sie fauchen die Kätzchen an und geben so zu verstehen: „Jetzt nicht", oder: „Das ist falsch." Ihre Katze interpretiert Ihr Pusten als das Fauchen der Mutterkatze. Sie ist zwar beleidigt ob der Zurückweisung, aber sie hat gelernt, dass ihr Mensch dieses Verhalten, zumindest im Moment, nicht mag.

Setzen Sie diese Erziehungsmaßnahme aber bitte sparsam ein und nur gegen unerwünschtes Verhalten. Eine Katze, die jedes Mal „angefaucht" wird, wenn sie schmusen oder spielen möchte, wird sich bald frustriert vor Ihnen zurückziehen und mehr Unarten auf Lager haben, als Sie sich je träumen ließen.

*Junge Katzen sind jeden wachen Augenblick damit beschäftigt, ihre Grenzen auszutesten. (Foto: B. Schellhammer)*

# Katzen mit besonderen Ansprüchen

## Katzenkinder und Halbstarke

Einem Katzenkind mit seinen riesigen Augen oder einer neugierigen Jungkatze kann man kaum widerstehen. Doch bevor Sie sich gegen eine ausgewachsene Katze entscheiden, sollten Sie bedenken, dass die lieben Kleinen mehr kosten: mehr Zeit, mehr Nerven und mehr Geld.

Sichern Sie Ihre Wohnung noch besser, als Sie es ohnehin schon machen würden. Verbauen Sie also bitte Löcher und Ritzen besonders gut, sonst müssen Sie eines Tages die Schrankwand abbauen um das kleine Kätzchen wieder hervorzuholen.

Keine Wand ist zu glatt, kein Schrank zu hoch, kein Vorhang zu dünn und keine Pflanze zu klein, um nicht wenigstens den Versuch einer Besteigung zu riskieren. An Katzennetzen ist solch ein kleines Fellknäuel geschwind emporgeklettert, um durch die Bögen, die durch die Netzspannung entstehen, in die verlockende Freiheit zu entschwinden. Sichern Sie solche Bögen durch einen Streifen Kaninchendraht.

Auch werden Ihre Hände und Arme gerade während der Katzenkindheit häufig mit kleinen, oberflächlichen Kratzern bedeckt sein. Die Kleinen haben sehr spitze Krallen und können diese auch noch nicht einziehen.

Vielleicht haben Sie manchmal die Vermutung, dass die kleinen Racker das alles nur machen, um Ihre Nerven zu strapazieren. In Wirklichkeit klopfen sie durch permanentes Ausprobieren ihre Grenzen ab. Auch der Appetit ist ungeheuerlich. Solange Katzen noch wachsen, benötigen sie Unmengen Futter (und somit auch Katzenstreu) und fressen obendrein fast alles, was ihnen unter die Zähne kommt. Leider eben nicht nur Katzenfutter, sondern Kartoffeln, Knoblauchquark, Weihnachtskekse, Plastiktüten, Schuhbänder, ungeöffnete Briefe und Kabel, um nur die harmloseren Dinge aufzuzählen. Irgendwann legt sich dieser Heißhunger auf alles und sie beschränken sich auf wirkliche Nahrung. Bis dahin hilft nur aufpassen, alles gut wegschließen und die Kabel hochbinden.

Ein Katzenkind oder gar mehrere längere Zeit mit Langeweile alleine zu lassen heißt, die Wohnung der Verwüstung preiszugeben. Sie denken, dass ich übertreibe? Nun, vielleicht, aber wirklich nur ein ganz kleines bisschen.

Die lieben Kleinen brauchen auch eine besondere Ausstattung, eine Babyausstattung gewissermaßen. Katzentoiletten sollten einen besonders flachen Rand haben, damit die Kleinen auch gut hineinkrabbeln können. Das Gleiche gilt für Körbchen oder Kartons und auch Kratzbäume sind hier in der kleineren Variante gefragt.

*Mit zunehmendem Alter steigt das Ruhe- und Schlafbedürfnis. (Foto: U. Schanz)*

## Katzensenioren

Katzen können durchaus 20 Jahre und sogar älter werden. Dennoch ist es für Tierschützer so gut wie unmöglich, für Tiere über zehn Jahren noch eine gute Stelle zu finden. Dabei haben gerade ältere Katzen große Vorteile. Sie sind ruhig, meist besonders anhänglich und sie sortieren die Wohnungseinrichtung nicht mehr um. Sie sind also geeignet für Leute, die viel Zeit haben und diese mit einem anhänglichen, schmusebedürftigen Tier teilen möchten, aber auch für Berufstätige, die nicht ganz so viel Zeit für ihr Tier haben, da auch das Schlafbedürfnis von älteren Katzen höher ist.

Ältere Katzen, vor allem wenn irgendwann die Gelenke nicht mehr so richtig mitspielen, benötigen ebenso wie Katzenkinder spezielle Möbel, die aber nur nach und nach die vorhandenen ersetzen oder zusätzlich aufgestellt werden sollten, damit nicht plötzlich alles anders ist. Ebenso müssen Auf- und Abstiege, zum Beispiel zum Körbchen oder zum Lieblingsplatz auf dem Schrank, vereinfacht werden, damit das Erklimmen nicht zur Besteigung der Eigernordwand wird. Es bieten sich treppenartig angebrachte Bretter an der Wand oder am Schrank an, je behäbiger und steifer die Katze wird, desto flacher sollte diese „Katzenleiter" gestaltet werden. Hier ist auch endlich eine sinnvolle Einsatzmöglichkeit für Kratzbäume mit kurzen Stämmen. Versetzte Plattformen mit geringen Abständen erleichtern einer alten Katze das Erreichen ihres geliebten Fensterplatzes.

Auch die Fellpflege wird etwas aufwendiger, da Katzen mit steifen Gelenken logischerweise nicht mehr ihren ganzen Körper putzen können. Dafür genießen sie einen warmen Schoß und ausgiebige Schmuserei. Mit sanfter Massage lässt sich sogar die Beweglichkeit wieder verbessern. Hierzu lässt sich auch ein Tierphysiotherapeut zurate ziehen, von dem man besondere Streichel- und Massagetechniken lernen kann.

Ältere Katzen werden häufig dünn, weil sie nicht mehr so viel Appetit haben. Es gibt spezielles Futter für Seniorenkatzen, das eine höhere Energiedichte hat, also gehaltvoller ist. Das ist zwar nicht unbedingt notwendig, aber es kann bei Appetitmangel sinnvoll sein. Falls eine ältere Katze Zahnprobleme bekommt und die Zähne gezogen werden müssen, ist dies für die Ernährung kein Problem. Innerhalb weniger Tage frisst sie wieder ganz normal, die Kiefer verhornen und die Katze kann sogar Trockenfutter knabbern.

Die meisten Katzen bleiben übrigens, wenn sie vorher keine Krankheiten hatten, bis ins hohe Alter kerngesund. Dennoch sollte man für eventuelle Tierarztbesuche etwas mehr Geld einplanen, um dem samtpfotigen Rentner auf jeden Fall die beste Versorgung zu gewähren.

## Katzen mit Handicap

Katzen mit körperlichen Behinderungen hätten, auf sich gestellt, wenig Überlebenschancen. Dennoch kann eine blinde, taube, dreibeinige oder schwanzlose Katze in der Wohnung ein langes und glückliches Leben haben und ist meist besonders anschmiegsam und lieb.

Generell gilt für sie, dass sie etwas rücksichtsvoller behandelt werden müssen, gerade wenn sie blind oder taub sind. Blinde Katzen sollten Sie nur anfassen, wenn Sie sie vorher angesprochen haben, taube nur von vorne nach Sichtkontakt, damit die Tiere sich nicht unnötig erschrecken. Katzen mit amputierten oder verkrüppelten Gliedmaßen sind in ihren Bewegungen etwas eingeschränkt, da ihnen nicht ihre ganze Sprungkraft zur Verfügung steht oder sie ohne Schwanz nicht mehr so gut balancieren können. Richten Sie die Wohnung mit bequemen, einfach besteigbaren Katzenmöbeln ein, etwa so, wie Sie es für einen Katzensenior tun würden.

## Chronisch kranke Katzen

Wie Menschen können Katzen an chronischen Krankheiten leiden, etwa Diabetes, Leber- oder Nierenschäden oder sogar an Asthma.

Prinzipiell erwarten sie von ihrer Umgebung nichts anderes als jede gesunde Katze auch. Und sie können bei bester Fürsorge ein hohes Alter erreichen. Man muss aber bedenken, dass diese Katzen meist regelmäßige Medikamentengaben, häufigere Tierarztbesuche und eventuell ein spezielles (und somit auch teureres) Diätfutter benötigen.

Anders sieht es leider aus, wenn Katzen eine ansteckende Infektion haben. FIP (infektiöse Bauchwassersucht), FIV (Katzen-Aids, das aber nicht auf Menschen übertragbar und somit für uns völlig ungefährlich ist) oder FeLV (Leukämie oder Leukose) sind – wenn die Krankheit einmal ausbricht – unweigerlich ein Todesurteil für die Katze. Bis dahin können die Katzen jedoch noch viele schöne und beschwerdenfreie Jahre leben, wenn sie regelmäßige medizinische Versorgung und einen passenden Lebensraum haben. Allerdings können sie höchstens gemeinsam mit einer Katze mit der gleichen Infektion gehalten werden, da sie ihre Artgenossen anstecken würden.

Vor allem benötigen sie Ruhe und einen möglichst regelmäßigen Tagesablauf. Hektik und Stress, und hierzu kann eine empfindliche Katze sogar schon häufigen Besuch oder unregelmäßige Fütterungszeiten zählen, würden den Ausbruch der Krankheit und somit den Tod beschleunigen.

Falls Sie mehrere Katzen haben und für eine davon einen solch traurigen Befund erhalten, sprechen Sie die Behandlung ausführlich mit Ihrem Tierarzt ab.

## Scheue oder ängstliche Katzen

Es gibt Katzen, deren Vertrauen in sich oder das Leben im Allgemeinen bis in die Grundfesten erschüttert ist. Das kann daher kommen, dass sie schlecht, ohne ausreichende Kontakte zu Menschen oder anderen Katzen gehalten oder sogar misshandelt wurden. Oder dass besonders ruhige und sensible Tiere sich plötzlich in einer hektischen Großfamilie wiederfinden und völlig überfordert mit dem Stress nicht klarkommen.

In jedem Fall helfen einer solchen Katze nur Zeit und Ruhe, außerdem Zeit, Ruhe, Zeit und Ruhe.

Wenn Sie auf diese Katze zugehen, sie einfangen, zwangsstreicheln, werden Sie den Zustand eher noch verschlimmern. Sie wird sich immer stärker unter Druck gesetzt fühlen und sich darum immer mehr verkriechen.

Wenn Sie hingegen ihre scheue, verängstigte Katze in Ruhe lassen, an ihr vorbeigehen, vorbeisehen, sie regelrecht ignorieren, hat sie Zeit, sich zunächst an die Wohnung und dann eines Tages an Sie selbst zu gewöhnen und festzustellen, dass sie sicher ist. Auch vor Ihnen.

Auch eine scheue Katze benötigt eine katzengerecht eingerichtete Wohnung, denn wenn die Luft rein ist, also nachts, wenn alles schläft oder wenn Sie nicht da sind, wird sie die Wohnung erkunden und sich beschäftigen. Nur eben nicht in Ihrer Anwesenheit.

Natürlich sollten Sie Trinkwasser und die Katzentoiletten in die Nähe der Rückzugsecken (bitte nur in die Nähe und nicht direkt daneben) stellen, damit das ängstliche Tier nicht jedes Mal quer durch die Wohnung, vorbei an gefährlichen Menschen schleichen muss, um sein Geschäft zu erledigen. Denn das fordert Unsauberkeit geradewegs heraus.

Eines Tages sitzt diese Katze vielleicht in Ihrer Nähe oder schläft entspannt auf dem Teppich, während Sie fernsehen. Dann können Sie freundlich mit ihr sprechen. Wenn Sie sich selbst klein machen, also auch auf den Boden setzten oder legen, wirken Sie nicht mehr so bedrohlich. Irgendwann kommt die Katze immer näher, streicht Ihnen um die Beine, wenn sie Futter erwartet. Dann erst können Sie einen vorsichtigen Streichelversuch unternehmen. Zusätzlich können Sie Ihre Wohnung mit so genanntem Wohlfühlspray ,das sie beim Tierarzt kaufen können, beduften (siehe S. 75). Aber vergessen Sie nicht, dass all diese kleinen Fortschritte viel Zeit benötigen können.

Fazit: Ängstliche und scheue Katzen sind wirklich nur etwas für geduldige Menschen in einer Umgebung ohne Hektik. Also eher etwas für einen Ein- oder Zweipersonenhaushalt. Und am besten mit einem freundlichen Schmusetiger dazu, der für die Abweisung der furchtsamen Katze entschädigt.

*Mit etwas Rücksicht auf die Probleme der Katze kann sich eine wunderbare Freundschaft entwickeln. (Foto: B. Schellhammer)*

# Verwöhnen nach Strich und Faden

## Wohlfühlspray

Wenn eine Katze sich an einem Ort sicher und zu Hause fühlt, streift sie mit ihrem Kopf über die erreichbaren Oberflächen. Damit verteilt sie Pheromone aus ihren Duftdrüsen und kennzeichnet so die verschiedensten Dinge als bekannt und zu ihr gehörig. Das Wohlfühlspray enthält synthetisch hergestellte Gesichtspheromone, deren Duft der Katze eben dieses Gefühl von Sicherheit gibt.

Das Spray gibt es als Zerstäuber für die Steckdose, der die ganze Wohnung beduftet und so positiv auf das Befinden der Katze wirkt. Eine Anwendung empfiehlt sich besonders nach dem Einzug der Katze, einem Umzug, nach Schrecksituationen oder bei besonders scheuen und ängstlichen Katzen.

*Ein kleines Kräuterkissen mit Cat-Nip lässt die Katze den Rest der Welt vergessen. (Foto. U. Schanz)*

Außerdem gibt es eine Sprühflasche, die fremde Einrichtungsgegenstände schnell zum guten Freund der Katze macht, indem man Angst einflößende Möbel oder auch beispielsweise neue Kratzbäume beduftet. Manchmal wirkt es sogar gegen Harnmarkierungen.

## Cat-Nip

Cat-Nip gibt es als fein geschnittenes Kraut, als Spray oder als bereits beduftetes Spielzeug im Zoofachhandel. Mit dieser für die Katze übrigens ungefährlichen, Biodroge sind wundervolle Momente vorprogrammiert. Cat-Nip-Säckchen oder gefüllte Socken werden meist richtig angeschmust und – leider – vollgesabbert. Sogar ungeliebtes Futter lässt sich manchmal damit aromatisieren.

Um die Attraktivität von Cat-Nip zu erhalten, sollten Sie es Ihren Katzen aber nicht jeden Tag anbieten, sonst nutzt sich seine Anziehungskraft ab. Gönnen Sie Ihrer Katze lieber zwei oder drei „Rauscheinheiten" je Woche, dann ist die Freude jedes Mal groß.

## Aromatherapie

Die Aromatherapie, also das Beduften der Wohnung oder Teile davon mit ätherischen Ölen von unbedingt sehr guter Qualität, aber auch orale Anwendungen, Salben oder Wickel, wirkt wohltuend auf Menschen, und ebenso auf Katzen. So können die Sinne beruhigt oder angeregt und Krankheitssymptome gelindert werden.

Basilikum hat zum Beispiel eine beruhigende und appetitanregende Wirkung, Anis und Eukalyptus wirken wohltuend auf die Atemwege, Kardamom wirkt harmonisierend und Rosmarin wirkt kreislaufanregend. Nelkenöl dagegen wirkt eher abschreckend und kann Katzen von verbotenen Stellen fern halten.

Experimentieren Sie aber bitte nicht selbst mit der Nase Ihrer Katze, sondern holen Sie sich für die richtige Behandlungsweise, Zusammensetzung und Dosierung Hilfe bei einem Experten, also einem Tierarzt mit Zusatzausbildung als Tierheilpraktiker oder einem seriösen Tierheilpraktiker, zumindest aber aus Fachliteratur. Anderenfalls kann es passieren, dass Sie das Gegenteil von dem erreichen, was Sie eigentlich wollten, nämlich Ihrer Katze Gutes tun. Einige Inhaltsstoffe der Öle (Terpene und Phenole) sind giftig, erkundigen Sie sich also bitte genau nach der Anwendungsform, der Dosierung und dem Zusammenwirken mit anderen Medikamenten.

## Teebaumöl

Achtung, hier noch ein Warnhinweis zu Teebaumöl: Viele Katzenbesitzer beträufeln ihre Katzen mit Teebaumöl, da dies gegen Flöhe helfen und Wunden heilen soll. Machen Sie das bitte nicht! Teebaumöl ist für Katzen giftig. Beim Putzen lecken sie die Reste aus dem Fell. Die giftigen Inhaltstoffe werden von der Katze nicht wieder ausgeschieden und können Abmagerung, Zittern, Krämpfe und Ähnliches hervorrufen und führen nicht selten zum Tod der Katze.

## Bachblüten

Katzen reagieren oftmals gut auf eine Behandlung mit Bachblüten, also speziell aufbereiteten Pflanzenauszügen nach der Methode von Edward Bach. Besonders bei seelischen Problemen können hier gute Ergebnisse erzielt werden. Etwas problematisch ist der Einsatz lediglich, da die Auszüge der Pflanzen meist als alkoholische Lösung vorliegen und nicht immer Gnade vor der empfindlichen Katzennase finden. Allerdings gibt es Bachblüten und Bachblütenkombinationen inzwischen auch als Globulis, kleine Kügelchen, die sich gut unter das Futter mischen lassen.

Der Vorteil der Bachblüten ist, dass Sie damit nichts falsch machen können und nirgendwo Gefahr für Ihren Stubentiger lauert. Doch sollten Sie auch hier den Rat eines Experten einholen. So können Sie sicher sein, die für Ihre Katze passende Mischung zu finden und fertig zusammengesetzt zu bekommen.

Sinnvoll ist ein Vorrat an so genannten Notfall- bzw. Rescue-Tropfen, die es auch als Globuli gibt und die bei akuten Vorfällen wie Transport oder Verletzung die Panik einer Katze lindern können.

## Massage, Streichelmassage und TTouch

Von den Ohren bis zur Schwanzspitze, von den Pfotenballen bis zum Scheitel so richtig durchgestreichelt, gekrault, massiert: das gefällt. Massage ist eine wunderbare Therapie, nach der auch eine Katze süchtig werden kann. Sie wirkt harmonisch auf die Psyche, entspannend bei Hektik und durchblutungsfördernd auf steife Gelenke.

Mit den richtigen Berührungen entspannen Sie Ihre Katze zum Beispiel vor einer vielleicht eher stressigen Fellpflegeeinheit, beruhigen sie beim Tierarzt oder lindern mit sanft kreisender Massage schmerzhaftes Rheuma.

Das wirklich Allerbeste daran ist, dass Sie auch Ihrer eigenen Gesundheit auf die Sprünge helfen: Sie senken mit dieser innigen Zweisamkeit Ihren Blutdruck und bauen den Stress des Tages ab.

Sie können all diese Streicheltechniken von Experten lernen, vor allem die schmerzlindernde Massage bei Gelenkerkrankungen zum Beispiel von einem Tierphysiologen, vor allem bei kranken Katzen, die besonders empfindlich auf Berührungen an der falschen Stelle reagieren. Es kann aber, vor allem bei besonders anhänglichen Tieren, ausreichen, geduldig und vorsichtig auszuprobieren, was alles gefällt.

Und auch hier gilt, wie generell beim Umgang mit Katzen: Nie mehr geben, als die Katze nehmen möchte, und respektvoll pausieren, wenn sie genug hat.

## Farbtherapie

Krankheiten, Harmoniestörungen und seelische Notlagen lassen sich begleitend behandeln, indem man farbige Lichtquellen auf die Katze richtet. So lässt sich Rotlicht hervorragend bei Beschwerden des Bewegungsapparates einsetzen, aber auch bei nervösen und Schockzuständen. Blaues Licht wirkt auf Probleme und Verletzungen der Haut wie Entzündungen, Wunden, Verbrennungen. Violettes Licht fördert nicht nur das Immunsystem, sondern kann auch entspannend auf ängstliche Katzen wirken. Unterstützend zur Bestrahlung mit farbigem Licht können Sie auch die Umgebung, also das Körbchen, mit der richtigen Farbe einrichten.

Sicherlich ist nicht jede Katze hierfür empfänglich, aber Sie können, gute fachliche Anleitung vorausgesetzt, auch keinen Schaden anrichten.

## Klangtherapie

Lieben Sie Mozart? Dann haben Sie bei Ihrer Katze einen Stein im Brett. Klassik, vor allem die sanfte Variante mit Streichern und leisen Flötentönen, sind die Favoriten der Samtpfoten.

Ob nun Musik von Robert Schumann wirklich die Drüsenfunktion anregt oder die Beatles Schockzustände lindern, mag dahingestellt sein. Tatsache ist, dass die meisten Katzen bei lauter Rock- oder Technomusik das Weite suchen, bei sanfter Klassik oder ruhiger Meditationsmusik hingegen eher in der Nähe der Quelle zu finden sind.

Es gibt übrigens einige Musik-CDs für Katzen, die die Tonlage schon sehr genau treffen. So brauchen Sie sich nicht mehr um die richtige Auswahl kümmern, sondern nur noch herausfinden, ob Ihre Katze ein Musikfan ist.

# Tipps für den Einkauf

Katzenstreu können Sie fast überall kaufen, so genanntes Premiumfutter oder auch Diätfutter finden Sie fast nur im Fachhandel oder beim Tierarzt. Spielzeug, Katzenmöbel und Balkonnetze gibt es wirklich nur in Spezialgeschäften oder Spezialabteilungen.

Wenn Sie in einer größeren Stadt wohnen, haben Sie kaum Probleme, das Passende für Ihre Katze zu finden. Wenn Sie aber nicht die Möglichkeiten einer Großstadt haben, bietet sich das Internet an. Hier gibt es fast nichts, was Sie nicht kaufen können. Zusätzlicher Vorteil: Sie können direkt vom Schreibtisch aus ganz bequem Preise vergleichen, sich einen Überblick über das Angebot verschaffen und brauchen nicht einmal schwer tragen, denn Ihr Postbote bringt Ihnen alles bis vor die Wohnungstür.

Sie vereinfachen sich die Arbeit, wenn Sie nicht nur nach dem entsprechenden Artikel suchen, sondern zusätzlich den Hinweis „Onlineshop" oder „online kaufen" in die Suchmaschine eintippen. So ersparen Sie sich Hunderte von Seiten, die nur Informationen, zum Teil sogar schlechte oder unvollständige, anbieten. Also zum Beispiel „Katzennetz Onlineshop" oder „Katzenspielzeug Onlineshop" eingeben.

Und obendrein freut sich noch Ihre Katze, denn vor dem Computerbildschirm findet sie einen bequemen Schoß, statt vor der Tür zu hocken, bis ihr Mensch vom Einkauf zurückkommt.